AF237364

Es ist soweit! Du willst „The Way – Dein Tag Dein Leben Dein Buch" praktisch in den Alltag zu integrieren. Du „machst" statt nur darüber zu reden! Glückwunsch! Mache es mindestens bis zu Ende. 42 Tage lang. Nur dann kann sich neuronal langsam etwas in deine Gedankenstruktur eingewöhnen. Nervenbahnen verändern sich nur durch ständige Wiederholungen. Auch das Zähneputzen hast du einmal gelernt. Die 10 Minuten Besinnung täglich bedeuten für dein Gehirn zunächst einen Mehraufwand. Und es wird immer wieder in Widerstand gehen. Es will die alte Gewohnheit. Lege dir das Buch mit einem Stift genau an den Ort, an dem du abends in jedem Fall draufschauen musst. Es geht um die Ordnung deiner bis zu 70.000 täglich gesponnenen Gedanken. Und damit um deine neue Kraft, Zentrierung, Kreativität, Freiheit, Lebendigkeit. und Liebe. Ich wünsche dir von Herzen viel Erfolg!

**Die schnellste Methode dich
im „Hier und Jetzt" zu verankern**

Mit den sehr effektiven ausgewählten Off-Körperübungen (S. 144-153) *findest du bereits innerhalb von nur 1 - 3 Minuten zu neuer Frische und Präsenz:* „Dehn dich frei", „Atem- und Bodyscan", „Meditation in Stille", „Atemübung" und „Lachtraining". Wenn du die eine oder andere Übung davon auch in den Alltag integrierst, wird dein „THE WAY Training" perfekt!

The Way

als Training

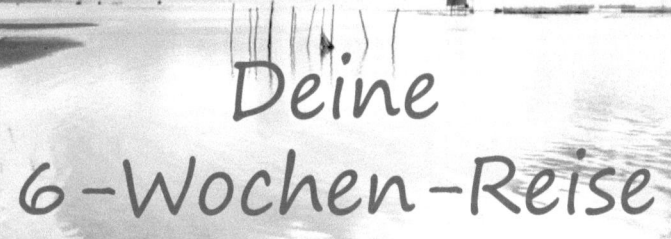

Deine
6-Wochen-Reise

Layout und Gestaltung:
Bernd Trusheim

Bibliografische Information der Deutschen Nationalbibliothek:
Die Deutsche Nationalbibliothek verzeichnet diese Publikation in der
Deutschen Nationalbibliografie; detaillierte bibliografische Daten sind im
Internet über http://dnb.dnb.de abrufbar.

© 2021 BERND TRUSHEIM
www.berndtrusheim.de

Herstellung und Verlag:
BoD – Books on Demand, Norderstedt, Deutschland

ISBN: 9783754321485

Wirkungen
THE WAY
Tagebuchtraining

Diese Besinnungsfragen und Körperübungen helfen dir dabei

- dich zu erden, Boden unter den Füßen zu gewinnen
- dich schneller und tiefer zu entspannen
- gedankliche Ruhe, Zentrierung und Übersicht zu gewinnen
- besser und tiefer zu schlafen
- viele kreative neue Potenziale und die Leichtigkeit des Seins zu entdecken
- wichtige Probleme gelassener, souverän und selbstbewusst zu lösen
- Entscheidungen in tiefer Klarheit zu treffen
- besser und bewusst zu atmen
- Heilungsprozesse zu unterstützen und zu beschleunigen
- Körperimpulse, Körperwahrnehmung und Körpersprache zu verbessern
- dich im Hier und Jetzt, in die Gegenwart einzubinden und zu fühlen
- mehr Achtsamkeit im Alltag zu gewinnen
- mehr Kraft, Kreativität, Energie, Präsenz und Vitalität aufzubauen
- dich selbst anzunehmen und mit dir ins Reine zu kommen
- mehr Resilienz zu entwickeln
- mehr Selbstverantwortung zu gewinnen
- mehr Selbstvertrauen und Selbstwirksamkeit aufzubauen
- mehr Mitgefühl zu dir selbst und anderen zu entwickeln
- Liebe im Herzen zu entdecken, dir selbst und anderen zu geben
- Dankbarkeit zu fühlen und zu zeigen
- langwierige Dramaturgien aufzulösen

v.a. auch bei gleichzeitiger Anwendung der körperlichen Präsenzübungen auf den Seiten 144 - 153.

Besinn dich

Besinnung bringt Hamsterräder zum Stehen

Ich werde immer wieder in diesem Buch von dem Sinn und der Besinnung sprechen. Kannst du in Ruhe nachdenken und dich besinnen? Wie machst du das? Welche Praktiken kennst du? In der analogen Welt? Die analoge Welt wird für viele Menschen immer weniger greifbar. Sich hinzusetzen und sich zu besinnen. In Ruhe zu sein. Alles Drumherum abgeschaltet. Wer hat Besinnung als Weg zur Selbstkompetenz gelernt? Und wo wird es erlernt? Es ist nicht systemrelevant. Besinnung könnte manches System erschüttern. Es entschleunigt. Besinnung bringt Hamsterräder zum Stehen. Das Rad da draußen wird aber immer verrückter und schneller gedreht.

Stopp!

Es geht um einen Stopp! Und wenn es nur für 10 Minuten am Tag sind. Einen Stopp! Du musst „Stopp" sagen und „Stopp" handeln! Es ist deine kleine Auszeit. Täglich. Und sie wird dein Leben verändern! Weil du mehr und mehr bei dir selbst ankommst.

Besinnung. Wenn du deine Sinne gebrauchst, findest du Sinn.

Im Wort ‚Besinnung' steckt ‚Sinn'. Du bist mit ganz vielen Sinnen in diese ‚analoge' und damit begreif- und „erfahrbare" Erdwelt hineingeboren worden. Hören, Riechen, Sehen, Schmecken, Tasten, dazu noch Gleichgewichtssinn, Temperatursinn, Schmerzempfindungssinn, Tiefensensibilitätssinn. Diese Sinne „erden" dich, verbinden dich mit dieser Erde. Was passiert, wenn du diese Sinne nicht trainierst und wach hältst? Elementarste Sinne! Was passiert, wenn du zunehmend in der digitalen Welt lebst als in der realen analogen? Wenn du deine Sinne verkümmern lässt, was passiert dann mit dir?

Atme!

Als du geboren wurdest hast du zum ersten Mal diese Erdatmosphäre eingeatmet, dies mit deiner inneren Atmosphäre gemischt und wieder ausgeatmet. Bereits millionenfach. Jedes Jahr ca. neun Millionen mal. Atem ist Leben. Atmung geschieht. Du musst sie nicht steuern. Und dennoch ist sie aufgrund unseres „sitzenden Zeitalters" total verkümmert. Wir atmen zu flach. Folge ist: Mental und seelisch wird das Leben auch flach. Wir atmen zu wenig. Damit wird auch unser Leben weniger, weniger ‚erfüllt‘, weniger gefüllt. Mehr dazu im Kapitel „Atme dich frei" S.....

Atme! Nimm wieder bewusst einen tiefen Atemzug. Jetzt. 2- bis 3 Atemzüge. Bevor du weiterliest.

Ich unterbreche dich, damit du dich immer wieder im Lesen und Erhaschen von weiteren Informationen selbst unterbrichst. *Denn dein altes Denkmuster möchte es schneller. Es möchte längst am Ziel sein. Doch so funktioniert das hier nicht. Atme.* Bewusstes Atmen bringt dich immer in das unmittelbare Hier und Jetzt. Es erdet dich. Es entschleunigt dich und lässt das Gelesene sinnlich verarbeiten. Das ist ungewohnt und herausfordernd. Aber bitte geh ein Stück mit mir! Mach eine neue Erfahrung!

Bleibe in dem Rhythmus:

Abschnitt lesen – Pause durchatmen – lesen – Pause atmen etws lesen – tief durchatmen – etwas lesen – tief durchatmen

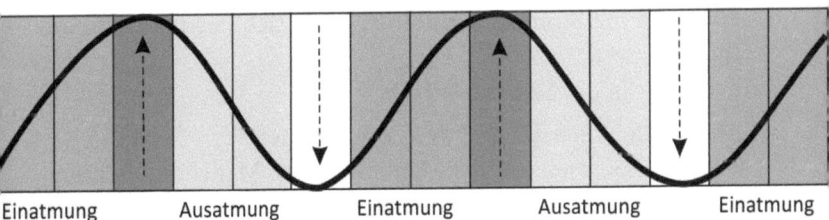

| Einatmung | Ausatmung | Einatmung | Ausatmung | Einatmung |

Die Besinnungsfragen

Hier findest du oft eine Skala zur Einordnung

1 = absolut schlecht, 10 = Bestnote, besser geht es nicht. Die „5,5" bildet zur Orientierung genau die Mitte. Es gibt keinen Wert unter 1 und über 10.

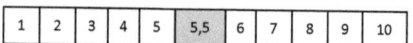

1	2	3	4	5	5,5	6	7	8	9	10

Ordne diesen Fragen bzw. Befindlichkeiten entsprechende Werte zu. Alle Werte, die mehrmals aufeinander folgend gegen 1 tendieren, sind äußerst gefährlich. Hier ist dringende ärztliche und therapeutische Hilfe notwendig. Den Wert 10 unbedingt erreichen zu wollen oder ihn gar zu halten ist eine Illusion. Hin und wieder kann man aber solche Zustände erreichen. Grundsätzlich geht es um eine realistische Einschätzung, wobei 5,5 genau der Mittelwert ist. Ein „befriedigend". Die Zahl „10" ist eine „1plus plus" ist und die Zahl „1" eine „6 minus". Neben den Werten findest du rechts auch ein Feld für Notizen, die du machen kannst, um ggs. den Zustand zuzuordnen bzw. die Ursachen dafür zu erkennen.

1. Wie war deine letzte Nacht bzw. dein Schlaf

Du startest in den Tag. Welche Energie hattest du am Morgen? Wie gut hast du geschlafen? Es ist dein Startkapital in den Tag. Und zeigt dir auch auf, ob du in deinem Schlafverhalten etwas ändern kannst oder sollst. Auch wenn du schlecht geschlafen hast und die Stimmung mies ist, kann sich das im Laufe des Tages ändern.

Ordne es in der Skala 1- 10 ein.

Hattest du einen Traum? Wenn ja, welchen?

Träume kommen aus dem Unbewussten. Manchmal beinhalten sie Botschaften, Themen, Eingebungen. Sie können dir helfen, Dinge zu verarbeiten und zu klären. Grundsätzlich träumen wir immer. Doch meistens erinnern wir das nicht. Wenn wir nicht unter Druck stehen, zum Aufwachen ohne Wecker und Aufstehen mehr Zeit haben, erinnern wir Träume leichter.

2. Dein Befinden im Verlaufe des Tages

Rückblickend auf den Tag erinnere dich, wie es dir morgens, mittags und abends ging. Dabei unterscheide bitte den körperlichen, emotionalen und mentalen Zustand.

Körperliches Befinden

Sensorisches Erspüren des Gesamtbefindens – speziell v.a. die Atmung, Knochen, Muskeln, Kreislauf, Organe, Rücken, Kondition, Haut, Schmerzen etc.

Emotionales Befinden

Das können Gefühle sein wie Lust, Trauer, Wut, Resignation, Ohnmacht, Freude, Gelassenheit, Zufriedenheit, Dankbarkeit, etc. Wie weit du z. B. Wut in einer jeweiligen Situation wirklich als „schlecht" oder auch als kraftvolle wichtige Energie bewertest, musst du selbst entscheiden.

Mentales Befinden

Was denkst du, wie leicht oder wie schwer sind deine Gedanken? Bist du im „Hier und Jetzt" vollkommen präsent und wach, grübelst du oder „fließen" deine Gedanken „frei"? Versuche deine Einschätzung eher am „Fluss der Gedanken" und der Offenheit der Gedanken zu bewerten.

Schmerzen / Schmerztagebuch

Falls du gelegentlich körperliche Schmerzen hast, kannst du mit diesem Tagebuch auch herausfinden, ob es mögliche Zusammenhänge mit deinen Gedanken und Gefühlen gibt. Falls Schmerzpatient: Entdecke die Tage und Stunden, in denen du weniger Schmerzen hast oder sogar fast schmerzfrei bist.

4. Was hat dich heute überrascht?

Was war heute ungewöhnlich oder hat dich sogar überrascht? Denk und spüre noch einmal nach. Überraschungen unterbrechen die Alltagsroutine und lenken dich mehr in das Hier und Jetzt. Sie entknoten deine neuronalen Einbahnstraßen.

5. Was hast du heute gut gemacht?

Wofür kannst du dich loben? Was hast du wirklich auch gut hin bekommen? Die Fragen und Antworten tauchen zum Teil in der kommenden Frage 6 auf. Oft haben wir im Leben und Erziehung gelernt, den Fokus darauf zu legen, was wir alles schlecht gemacht haben. Das steckt tief drin. Erschreckenderweise können viele Menschen mehr schlechte Sachen aufzählen als gute. Und genau darum geht es. Den Fokus auf das Gute zu legen. Das ist anfangs sogar für viele Menschen anstrengend, das Gute zu finden. Aber es gibt etwas, dass du gut gemacht hast. Auch wenn du oftmals vor diesem leeren Schreibfeld stehst und dir nichts einfällt. Das ändert sich mit der Zeit. Übe es. Deine Selbstkompetenz und Selbstsicherheit werden damit erheblich wachsen!

6. Selbstfürsorge. Wie hast du heute für dich gesorgt? Körperlich, seelisch, mental? Damit es dir gut geht.

Z.B. gesund essen, regelmäßig essen, körperliche Bewegung und/oder Übungen, Pausen, Breaks, etwas gelesen etc. Sozial: gute Gespräche mit Freunden, Hilfe geholt, Arztbesuch, etc. Diese Frage ist äußerst wichtig. Evtl. musst du auch Farbe bekennen und aufschreiben, dass du schlecht für dich gesorgt hast. Aber alleine mit der Beantwortung der Besinnungsfragen fängst du an, für dich besser zu sorgen. Jetzt in diesem Augenblick!

Wenn du nicht genügend für dich gesorgt hast:
Warum? Was sind die wirklichen Gründe? Es nicht zu tun?

Welche Ausreden? Was verbindest du mit dem Thema „Selbstfürsorge"? Wie steht es mit deiner Selbstverantwortung, es dir gutgehen zu lassen und dich besser zu zentrieren?

7. Was hast du für dein Herz getan? Was hat dich heute „im Herzen berührt"?

Wie geht es deinem Herz? Im Herzen? Was möchte dein Herz? Hier geht es nicht um das Medikament „Doppelherz" oder um Verliebtheitsepisoden oder Wünsche. Auch nicht um Emotionen wie Wut, Trauer, Euphorie, Lust, etc., sondern um etwas Höheres. Das HERZSEIN. Im Herzen sein. Wo verschließt du dein Herz, wo „öffnest" du dein Herz. Was macht dein Herzen „weit" oder „eng"?

8. Was hast du aus den Erfahrungen heute gelernt? Was könntest oder möchtest du in den kommenden Tagen besser machen?

Jetzt geht es ans Eingemachte. Manchmal fällt dir dazu nichts ein und manchmal ist es ganz einfach und klar. Oftmals bleibt das Feld leer. Dann ist es so, wie es ist. Wir können nicht jeden Tag lernen. Halte es aus, dass das Feld auch hin und wieder leer bleibt.

9. Wofür kannst und möchtest du dich heute bedanken? Dank sagen?

Diese Besinnungsfrage ist die wichtigste! Siehe dazu auch das Kapitel „Dankbarkeit ist eine Liebeserklärung an das Leben" S. 54. Du kannst danken für deine Selbstfürsorge oder eine Begegnung, ein Gespräch, eine Erkenntnis, eine Hilfe, der Natur, einem Menschen, einem Tier, deinem Wohl materiell und geistig, deinem Herzen, Schmerzfreiheit, Gesundheit etc. Wofür möchtest du heute danken? Wirklich danken? Lerne zu danken und du gewinnst eine neue Lebensenergie.

10. Was hält dich noch innerlich in Gedanken und/oder Gefühlen fest? Womit haderst du?

Ein Konflikt? Gedanken, Gefühle, Schmerzen u.a. Nimm es einfach nur wahr, dass es da ist. Auch wenn es nicht schön ist. Akzeptiere es, so wie es noch oder gerade ist. Nimm es an. Es will gesehen werden. Drück es nicht weg. Geh aber jetzt bitte nicht in die Gefühle hinein. Betrachte es von außen als Zeuge/Beobachter. Schreib es auf und lass es dort einfach stehen und ruhen. Es ist gesagt. Mehr nicht. Allein das wirkt zum Guten hin!

11. Was ist die Essenz dieses/deines Tages?

Ein Wort oder ein kurzer Satz z.B. Zerstreutheut, Verzettelung, Klarheit, Akzeptanz, im Flow sein, Aufbruch, Ruhe, Verliebtheit, Herzöffnung, ich bin zu mir gestanden, Verzweiflung, einen Ärger überwunden, Offenheit etc.

12. Ich lasse jetzt diesen Tag ganz los. Der Tag ist gelebt.

Sprche dies für dich langsam leise oder laut:

„Der Tag ist vorbei. Der Tag ist gelebt. Ich habe heute mein Bestes gegeben. Ich konnte in meinem situativen Bewusstsein nur so handeln, wie ich gehandelt habe. Ich lasse los. Meine Gedanken, meine Gefühle, meinen Körper. Ich kann heute rückblickend nichts mehr ändern. Ich akzeptiere, wie es ist. Ich lasse los und übergebe mich dem Schlaf. Die Natur in mir arbeitet für mich weiter. Für meine Regeneration in der Nacht. Morgen ist ein neuer Tag ."

Gerne kannst du für dich auch einen eigenen Text entwickeln und dir vorlesen.

Täglich am Abend vor dem
Schlafengehen. 10 Minuten,
die deine Gedanken klären.

24 Stunden = 24 x 60 = das sind 10 Minuten von 1.440 Minuten

6,0

1. Wie war meine letzte Nacht bzw. mein Schlaf

1	2	3	4	5	5,5	✕	7	8	9	10

Gibt es einen Traum/Träume? Wenn ja, welchen?

2. Mein Befinden im Verlaufe des Tages

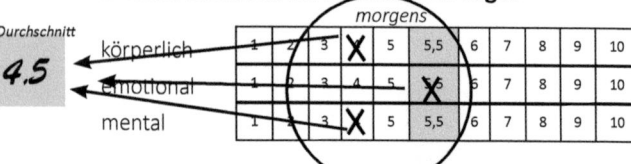

Durchschnitt
4.5

morgens

körperlich

1	2	3	✕	5	5,5	6	7	8	9	10

emotional

1	2	3	4	5	✕6	6	7	8	9	10

mental

1	2	3	✕	5	5,5	6	7	8	9	10

Durchschnitt
5.6

mittags

körperlich

1	2	3	4	5	✕6	6	7	8	9	10

emotional

1	2	3	4	5	5,5	✕	7	8	9	10

mental

1	2	3	4	5	✕6	6	7	8	9	10

Durchschnitt
4.3

abends

körperlich

1	2	3	✕	5	5,5	6	7	8	9	10

emotional

1	2	3	4	✕	5,5	6	7	8	9	10

mental

1	2	3	✕	5	5,5	6	7	8	9	10

Schmerzen? Wenn ja, welche, wann und wie:

Durchschnitt

morgens

1	2	3	4	5	5,5	6	7		9	10

mittags

1	2	3	4	5	5,5	6	7	8	9	10

abends

1	2	3	4	5	5,5	6	7	8	9	10

Skala umgekehrt! 10 = schlimmster Schmerz

Falls Medikamente, welche sowie Dosis:

3. Erlebnisse/Begegnungen? Und welche waren wichtig?

Gesamtbefinden
Durchschnitt
ohne Schlafwert

4.8

4. Was hat mich heute überrascht?

5. Was gibt es Gutes und Neues?

6. Was habe ich heute gut gemacht?

7. Selbstfürsorge. Wie habe ich heute für mich gesorgt? Körperlich, seelisch, mental. Damit es mir gut geht.

8. Was habe ich für mein Herz getan? Was hat mein Herz erreicht?

9. Was kann ich aus den heutigen Erfahrungen lernen? Was möchte ich in den kommenden Tagen besser machen?

10. Dank sagen. Ich bedanke mich heute für:

11. Was hält mich noch in Gedanken und/oder Gefühlen fest?

12. Was ist die Essenz dieses/meines Tages?

13. Ich lasse jetzt ganz los. Der Tag ist gelebt. Ich lese jetzt langsam:

„Der Tag ist vorbei. Der Tag ist gelebt. Ich habe heute mein Bestes gegeben. Ich konnte in meinem situativen Bewusstsein nur so handeln, wie ich gehandelt habe. Ich lasse los. Meine Gedanken, meine Gefühle, meinen Körper. Ich kann heute rückblickend nichts mehr ändern. Ich akzeptiere, wie es ist. Ich lasse los und übergebe mich dem Schlaf. Die Natur in mir arbeitet für mich weiter. Für meine Regeneration in der Nacht. Morgen ist ein neuer Tag .“

Starte dein Logbuch

1. Wie war meine letzte Nacht bzw. mein Schlaf

1	2	3	4	5	5,5	6	7	8	9	10

Gibt es einen Traum/Träume? Wenn ja, welchen?

2. Mein Befinden im Verlaufe des Tages

morgens

Durchschnitt

	1	2	3	4	5	5,5	6	7	8	9	10
körperlich	1	2	3	4	5	5,5	6	7	8	9	10
emotional	1	2	3	4	5	5,5	6	7	8	9	10
mental	1	2	3	4	5	5,5	6	7	8	9	10

mittags

Durchschnitt

	1	2	3	4	5	5,5	6	7	8	9	10
körperlich	1	2	3	4	5	5,5	6	7	8	9	10
emotional	1	2	3	4	5	5,5	6	7	8	9	10
mental	1	2	3	4	5	5,5	6	7	8	9	10

abends

Durchschnitt

	1	2	3	4	5	5,5	6	7	8	9	10
körperlich	1	2	3	4	5	5,5	6	7	8	9	10
emotional	1	2	3	4	5	5,5	6	7	8	9	10
mental	1	2	3	4	5	5,5	6	7	8	9	10

Schmerzen? Wenn ja, welche, wann und wie:

Durchschnitt

	1	2	3	4	5	5,5	6	7	8	9	10
morgens	1	2	3	4	5	5,5	6	7	8	9	10
mittags	1	2	3	4	5	5,5	6	7	8	9	10
abends	1	2	3	4	5	5,5	6	7	8	9	10

Skala umgekehrt! 10 = schlimmster Schmerz

Falls Medikamente, welche sowie Dosis:

3. Meine Erlebnisse/Begegnungen? Welche waren wichtig?

Gesamtbefinden
Durchschnitt

ohne *Schlafwert*
ohne *Schmerzw.*

4. Was hat mich heute überrascht?

5. Was gibt es Gutes und Neues?

6. Was habe ich heute gut gemacht?

7. Selbstfürsorge. Wie habe ich heute für mich gesorgt? Körperlich, seelisch, mental. Damit es mir gut geht.

8. Was habe ich für mein Herz getan? Was hat mein Herz erreicht?

9. Was kann ich aus den heutigen Erfahrungen lernen? Was möchte ich in den kommenden Tagen besser machen?

10. Dank sagen. Ich bedanke mich heute für:

11. Was hält mich noch in Gedanken und/oder Gefühlen fest?

12. Was ist die Essenz dieses/meines Tages?

13. Ich lasse jetzt ganz los. Der Tag ist gelebt. Ich lese jetzt langsam:

„Der Tag ist vorbei. Der Tag ist gelebt. Ich habe heute mein Bestes gegeben. Ich konnte in meinem situativen Bewusstsein nur so handeln, wie ich gehandelt habe. Ich lasse los. Meine Gedanken, meine Gefühle, meinen Körper. Ich kann heute rückblickend nichts mehr ändern. Ich akzeptiere, wie es ist. Ich lasse los und übergebe mich dem Schlaf. Die Natur in mir arbeitet für mich weiter. Für meine Regeneration in der Nacht. Morgen ist ein neuer Tag.“

1. Wie war meine letzte Nacht bzw. mein Schlaf

1	2	3	4	5	5,5	6	7	8	9	10

Gibt es einen Traum/Träume? Wenn ja, welchen?

2. Mein Befinden im Verlaufe des Tages

morgens

Durchschnitt

körperlich	1	2	3	4	5	5,5	6	7	8	9	10
emotional	1	2	3	4	5	5,5	6	7	8	9	10
mental	1	2	3	4	5	5,5	6	7	8	9	10

mittags

Durchschnitt

körperlich	1	2	3	4	5	5,5	6	7	8	9	10
emotional	1	2	3	4	5	5,5	6	7	8	9	10
mental	1	2	3	4	5	5,5	6	7	8	9	10

abends

Durchschnitt

körperlich	1	2	3	4	5	5,5	6	7	8	9	10
emotional	1	2	3	4	5	5,5	6	7	8	9	10
mental	1	2	3	4	5	5,5	6	7	8	9	10

Schmerzen? Wenn ja, welche, wann und wie:

Durchschnitt

morgens	1	2	3	4	5	5,5	6	7	8	9	10
mittags	1	2	3	4	5	5,5	6	7	8	9	10
abends	1	2	3	4	5	5,5	6	7	8	9	10

Skala umgekehrt! 10 = schlimmster Schmerz

Falls Medikamente, welche sowie Dosis:

3. Meine Erlebnisse/Begegnungen? Welche waren wichtig?

Gesamtbefinden
Durchschnitt

<u>ohne</u> *Schlafwert*
<u>ohne</u> *Schmerzw.*

4. Was hat mich heute überrascht?

5. Was gibt es Gutes und Neues?

6. Was habe ich heute gut gemacht?

7. Selbstfürsorge. Wie habe ich heute für mich gesorgt? Körperlich, seelisch, mental. Damit es mir gut geht.

8. Was habe ich für mein Herz getan? Was hat mein Herz erreicht?

9. Was kann ich aus den heutigen Erfahrungen lernen? Was möchte ich in den kommenden Tagen besser machen?

10. Dank sagen. Ich bedanke mich heute für:

11. Was hält mich noch in Gedanken und/oder Gefühlen fest?

12. Was ist die Essenz dieses/meines Tages?

13. Ich lasse jetzt ganz los. Der Tag ist gelebt. Ich lese jetzt langsam:

„Der Tag ist vorbei. Der Tag ist gelebt. Ich habe heute mein Bestes gegeben. Ich konnte in meinem situativen Bewusstsein nur so handeln, wie ich gehandelt habe. Ich lasse los. Meine Gedanken, meine Gefühle, meinen Körper. Ich kann heute rückblickend nichts mehr ändern. Ich akzeptiere, wie es ist. Ich lasse los und übergebe mich dem Schlaf. Die Natur in mir arbeitet für mich weiter. Für meine Regeneration in der Nacht. Morgen ist ein neuer Tag ."

1. Wie war meine letzte Nacht bzw. mein Schlaf

1	2	3	4	5	5,5	6	7	8	9	10

Gibt es einen Traum/Träume? Wenn ja, welchen?

2. Mein Befinden im Verlaufe des Tages

morgens

Durchschnitt

	1	2	3	4	5	5,5	6	7	8	9	10
körperlich	1	2	3	4	5	5,5	6	7	8	9	10
emotional	1	2	3	4	5	5,5	6	7	8	9	10
mental	1	2	3	4	5	5,5	6	7	8	9	10

mittags

Durchschnitt

	1	2	3	4	5	5,5	6	7	8	9	10
körperlich	1	2	3	4	5	5,5	6	7	8	9	10
emotional	1	2	3	4	5	5,5	6	7	8	9	10
mental	1	2	3	4	5	5,5	6	7	8	9	10

abends

Durchschnitt

	1	2	3	4	5	5,5	6	7	8	9	10
körperlich	1	2	3	4	5	5,5	6	7	8	9	10
emotional	1	2	3	4	5	5,5	6	7	8	9	10
mental	1	2	3	4	5	5,5	6	7	8	9	10

Schmerzen? Wenn ja, welche, wann und wie:

Durchschnitt

	1	2	3	4	5	5,5	6	7	8	9	10
morgens	1	2	3	4	5	5,5	6	7	8	9	10
mittags	1	2	3	4	5	5,5	6	7	8	9	10
abends	1	2	3	4	5	5,5	6	7	8	9	10

Skala umgekehrt! 10 = schlimmster Schmerz

Falls Medikamente, welche sowie Dosis:

3. Meine Erlebnisse/Begegnungen? Welche waren wichtig?

*Gesamtbefinden
Durchschnitt*

*ohne Schlafwert
ohne Schmerzw.*

4. Was hat mich heute überrascht?

5. Was gibt es Gutes und Neues?

6. Was habe ich heute gut gemacht?

7. Selbstfürsorge. Wie habe ich heute für mich gesorgt? Körperlich, seelisch, mental. Damit es mir gut geht.

8. Was habe ich für mein Herz getan? Was hat mein Herz erreicht?

9. Was kann ich aus den heutigen Erfahrungen lernen? Was möchte ich in den kommenden Tagen besser machen?

10. Dank sagen. Ich bedanke mich heute für:

11. Was hält mich noch in Gedanken und/oder Gefühlen fest?

12. Was ist die Essenz dieses/meines Tages?

13. Ich lasse jetzt ganz los. Der Tag ist gelebt. Ich lese jetzt langsam:

„Der Tag ist vorbei. Der Tag ist gelebt. Ich habe heute mein Bestes gegeben. Ich konnte in meinem situativen Bewusstsein nur so handeln, wie ich gehandelt habe. Ich lasse los. Meine Gedanken, meine Gefühle, meinen Körper. Ich kann heute rückblickend nichts mehr ändern. Ich akzeptiere, wie es ist. Ich lasse los und übergebe mich dem Schlaf. Die Natur in mir arbeitet für mich weiter. Für meine Regeneration in der Nacht. Morgen ist ein neuer Tag.“

1. Wie war meine letzte Nacht bzw. mein Schlaf

1	2	3	4	5	5,5	6	7	8	9	10

Gibt es einen Traum/Träume? Wenn ja, welchen?

2. Mein Befinden im Verlaufe des Tages

morgens

Durchschnitt

	1	2	3	4	5	5,5	6	7	8	9	10
körperlich	1	2	3	4	5	5,5	6	7	8	9	10
emotional	1	2	3	4	5	5,5	6	7	8	9	10
mental	1	2	3	4	5	5,5	6	7	8	9	10

mittags

Durchschnitt

	1	2	3	4	5	5,5	6	7	8	9	10
körperlich	1	2	3	4	5	5,5	6	7	8	9	10
emotional	1	2	3	4	5	5,5	6	7	8	9	10
mental	1	2	3	4	5	5,5	6	7	8	9	10

abends

Durchschnitt

	1	2	3	4	5	5,5	6	7	8	9	10
körperlich	1	2	3	4	5	5,5	6	7	8	9	10
emotional	1	2	3	4	5	5,5	6	7	8	9	10
mental	1	2	3	4	5	5,5	6	7	8	9	10

Schmerzen? Wenn ja, welche, wann und wie:

Durchschnitt

	1	2	3	4	5	5,5	6	7	8	9	10
morgens	1	2	3	4	5	5,5	6	7	8	9	10
mittags	1	2	3	4	5	5,5	6	7	8	9	10
abends	1	2	3	4	5	5,5	6	7	8	9	10

Skala umgekehrt! 10 = schlimmster Schmerz

Falls Medikamente, welche sowie Dosis:

3. Meine Erlebnisse/Begegnungen? Welche waren wichtig?

Gesamtbefinden
Durchschnitt

<u>ohne</u> *Schlafwert*
<u>ohne</u> *Schmerzw.*

4. Was hat mich heute überrascht?

5. Was gibt es Gutes und Neues?

6. Was habe ich heute gut gemacht?

7. Selbstfürsorge. Wie habe ich heute für mich gesorgt? Körperlich, seelisch, mental. Damit es mir gut geht.

8. Was habe ich für mein Herz getan? Was hat mein Herz erreicht?

9. Was kann ich aus den heutigen Erfahrungen lernen? Was möchte ich in den kommenden Tagen besser machen?

10. Dank sagen. Ich bedanke mich heute für:

11. Was hält mich noch in Gedanken und/oder Gefühlen fest?

12. Was ist die Essenz dieses/meines Tages?

13. Ich lasse jetzt ganz los. Der Tag ist gelebt. Ich lese jetzt langsam:

„Der Tag ist vorbei. Der Tag ist gelebt. Ich habe heute mein Bestes gegeben. Ich konnte in meinem situativen Bewusstsein nur so handeln, wie ich gehandelt habe. Ich lasse los. Meine Gedanken, meine Gefühle, meinen Körper. Ich kann heute rückblickend nichts mehr ändern. Ich akzeptiere, wie es ist. Ich lasse los und übergebe mich dem Schlaf. Die Natur in mir arbeitet für mich weiter. Für meine Regeneration in der Nacht. Morgen ist ein neuer Tag ."

1. Wie war meine letzte Nacht bzw. mein Schlaf

1	2	3	4	5	5,5	6	7	8	9	10

Gibt es einen Traum/Träume? Wenn ja, welchen?

2. Mein Befinden im Verlaufe des Tages

Durchschnitt

morgens

körperlich	1	2	3	4	5	5,5	6	7	8	9	10
emotional	1	2	3	4	5	5,5	6	7	8	9	10
mental	1	2	3	4	5	5,5	6	7	8	9	10

Durchschnitt

mittags

körperlich	1	2	3	4	5	5,5	6	7	8	9	10
emotional	1	2	3	4	5	5,5	6	7	8	9	10
mental	1	2	3	4	5	5,5	6	7	8	9	10

Durchschnitt

abends

körperlich	1	2	3	4	5	5,5	6	7	8	9	10
emotional	1	2	3	4	5	5,5	6	7	8	9	10
mental	1	2	3	4	5	5,5	6	7	8	9	10

Schmerzen? Wenn ja, welche, wann und wie:

Durchschnitt

morgens	1	2	3	4	5	5,5	6	7	8	9	10
mittags	1	2	3	4	5	5,5	6	7	8	9	10
abends	1	2	3	4	5	5,5	6	7	8	9	10

Skala umgekehrt! 10 = schlimmster Schmerz

Falls Medikamente, welche sowie Dosis:

3. Meine Erlebnisse/Begegnungen? Welche waren wichtig?

Gesamtbefinden
Durchschnitt

ohne Schlafwert
ohne Schmerzw.

4. Was hat mich heute überrascht?

5. Was gibt es Gutes und Neues?

6. Was habe ich heute gut gemacht?

7. Selbstfürsorge. Wie habe ich heute für mich gesorgt? Körperlich, seelisch, mental. Damit es mir gut geht.

8. Was habe ich für mein Herz getan? Was hat mein Herz erreicht?

9. Was kann ich aus den heutigen Erfahrungen lernen? Was möchte ich in den kommenden Tagen besser machen?

10. Dank sagen. Ich bedanke mich heute für:

11. Was hält mich noch in Gedanken und/oder Gefühlen fest?

12. Was ist die Essenz dieses/meines Tages?

13. Ich lasse jetzt ganz los. Der Tag ist gelebt. Ich lese jetzt langsam:

„Der Tag ist vorbei. Der Tag ist gelebt. Ich habe heute mein Bestes gegeben. Ich konnte in meinem situativen Bewusstsein nur so handeln, wie ich gehandelt habe. Ich lasse los. Meine Gedanken, meine Gefühle, meinen Körper. Ich kann heute rückblickend nichts mehr ändern. Ich akzeptiere, wie es ist. Ich lasse los und übergebe mich dem Schlaf. Die Natur in mir arbeitet für mich weiter. Für meine Regeneration in der Nacht. Morgen ist ein neuer Tag.“

1. Wie war meine letzte Nacht bzw. mein Schlaf

1	2	3	4	5	5,5	6	7	8	9	10

Gibt es einen Traum/Träume? Wenn ja, welchen?

2. Mein Befinden im Verlaufe des Tages

morgens

Durchschnitt

körperlich	1	2	3	4	5	5,5	6	7	8	9	10
emotional	1	2	3	4	5	5,5	6	7	8	9	10
mental	1	2	3	4	5	5,5	6	7	8	9	10

mittags

Durchschnitt

körperlich	1	2	3	4	5	5,5	6	7	8	9	10
emotional	1	2	3	4	5	5,5	6	7	8	9	10
mental	1	2	3	4	5	5,5	6	7	8	9	10

abends

Durchschnitt

körperlich	1	2	3	4	5	5,5	6	7	8	9	10
emotional	1	2	3	4	5	5,5	6	7	8	9	10
mental	1	2	3	4	5	5,5	6	7	8	9	10

Schmerzen? Wenn ja, welche, wann und wie:

Durchschnitt

morgens	1	2	3	4	5	5,5	6	7	8	9	10
mittags	1	2	3	4	5	5,5	6	7	8	9	10
abends	1	2	3	4	5	5,5	6	7	8	9	10

Skala umgekehrt! 10 = schlimmster Schmerz

Falls Medikamente, welche sowie Dosis:

3. Meine Erlebnisse/Begegnungen? Welche waren wichtig?

Gesamtbefinden
Durchschnitt

ohne Schlafwert
ohne Schmerzw.

4. Was hat mich heute überrascht?

5. Was gibt es Gutes und Neues?

6. Was habe ich heute gut gemacht?

7. Selbstfürsorge. Wie habe ich heute für mich gesorgt? Körperlich, seelisch, mental. Damit es mir gut geht.

8. Was habe ich für mein Herz getan? Was hat mein Herz erreicht?

9. Was kann ich aus den heutigen Erfahrungen lernen? Was möchte ich in den kommenden Tagen besser machen?

10. Dank sagen. Ich bedanke mich heute für:

11. Was hält mich noch in Gedanken und/oder Gefühlen fest?

12. Was ist die Essenz dieses/meines Tages?

```

```

13. Ich lasse jetzt ganz los. Der Tag ist gelebt. Ich lese jetzt langsam:

„Der Tag ist vorbei. Der Tag ist gelebt. Ich habe heute mein Bestes gegeben. Ich konnte in meinem situativen Bewusstsein nur so handeln, wie ich gehandelt habe. Ich lasse los. Meine Gedanken, meine Gefühle, meinen Körper. Ich kann heute rückblickend nichts mehr ändern. Ich akzeptiere, wie es ist. Ich lasse los und übergebe mich dem Schlaf. Die Natur in mir arbeitet für mich weiter. Für meine Regeneration in der Nacht. Morgen ist ein neuer Tag ."

1. Wie war meine letzte Nacht bzw. mein Schlaf

1	2	3	4	5	5,5	6	7	8	9	10

Gibt es einen Traum/Träume? Wenn ja, welchen?

2. Mein Befinden im Verlaufe des Tages

morgens

Durchschnitt

	1	2	3	4	5	5,5	6	7	8	9	10
körperlich	1	2	3	4	5	5,5	6	7	8	9	10
emotional	1	2	3	4	5	5,5	6	7	8	9	10
mental	1	2	3	4	5	5,5	6	7	8	9	10

mittags

Durchschnitt

	1	2	3	4	5	5,5	6	7	8	9	10
körperlich	1	2	3	4	5	5,5	6	7	8	9	10
emotional	1	2	3	4	5	5,5	6	7	8	9	10
mental	1	2	3	4	5	5,5	6	7	8	9	10

abends

Durchschnitt

	1	2	3	4	5	5,5	6	7	8	9	10
körperlich	1	2	3	4	5	5,5	6	7	8	9	10
emotional	1	2	3	4	5	5,5	6	7	8	9	10
mental	1	2	3	4	5	5,5	6	7	8	9	10

Schmerzen? Wenn ja, welche, wann und wie:

Durchschnitt

	1	2	3	4	5	5,5	6	7	8	9	10
morgens	1	2	3	4	5	5,5	6	7	8	9	10
mittags	1	2	3	4	5	5,5	6	7	8	9	10
abends	1	2	3	4	5	5,5	6	7	8	9	10

Skala umgekehrt! 10 = schlimmster Schmerz

Falls Medikamente, welche sowie Dosis:

3. Meine Erlebnisse/Begegnungen? Welche waren wichtig?

Gesamtbefinden
Durchschnitt

<u>ohne</u> *Schlafwert*
<u>ohne</u> *Schmerzw.*

4. Was hat mich heute überrascht?

5. Was gibt es Gutes und Neues?

6. Was habe ich heute gut gemacht?

7. Selbstfürsorge. Wie habe ich heute für mich gesorgt? Körperlich, seelisch, mental. Damit es mir gut geht.

8. Was habe ich für mein Herz getan? Was hat mein Herz erreicht?

9. Was kann ich aus den heutigen Erfahrungen lernen? Was möchte ich in den kommenden Tagen besser machen?

10. Dank sagen. Ich bedanke mich heute für:

11. Was hält mich noch in Gedanken und/oder Gefühlen fest?

12. Was ist die Essenz dieses/meines Tages?

13. Ich lasse jetzt ganz los. Der Tag ist gelebt. Ich lese jetzt langsam:

„Der Tag ist vorbei. Der Tag ist gelebt. Ich habe heute mein Bestes gegeben. Ich konnte in meinem situativen Bewusstsein nur so handeln, wie ich gehandelt habe. Ich lasse los. Meine Gedanken, meine Gefühle, meinen Körper. Ich kann heute rückblickend nichts mehr ändern. Ich akzeptiere, wie es ist. Ich lasse los und übergebe mich dem Schlaf. Die Natur in mir arbeitet für mich weiter. Für meine Regeneration in der Nacht. Morgen ist ein neuer Tag ."

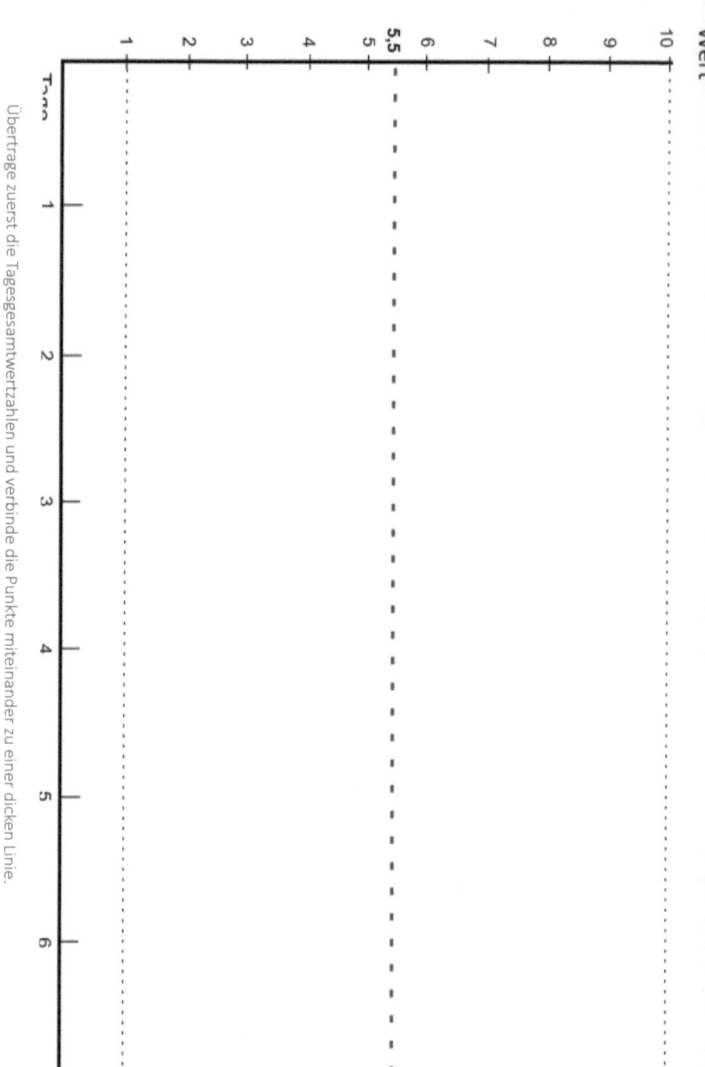

Übertrage zuerst die Tagesgesamtwertzahlen und verbinde die Punkte miteinander zu einer dicken Linie.

Trage anschließend die weiteren Werte für körperliches, emotionales, mentales Befinden sowie Schlafbefinden ein und verbinde sie ebenso zu Kurven – am besten mit verschiedenen Farbstiften oder zur Unterscheidung kenntlichen Markierungen. Die Mittelwert ist 5,5. Liegt deine Kurve insgesamt über dieser Linie oder unter der Linie?

Gesamtdurchschnittswert der Woche für die Übungen:
Tageswerte addieren – durch 7 teilen oder der faktisch absolvierten Übungstage

Wochengesamtwert

ohne Schlafwert und ohne Schmerzwert

Wochenwert körperlich	....
Wochenwert emotional	....
Wochenwert mental	....
Wochenwert Schlaf	....

Schmerzen/Schmerzverlauf/Wert   ....
Hat sich etwas verändert? Gab es Tage der Schmerzfreiheit?

In meinem Befinden hat sich etwas verändert:

körperlich

emotional

mental

Falls ja. Welche Gründe gibt es für die Veränderung?

Ich möchte mich für die vergangene Woche besonders bedanken für:
Schau noch einmal auf deine Danksagungen. Entscheide dich für eine oder zwei Danksagungen oder schreibe etwas Neues auf, was dir einfällt:

Ich habe folgendes wirklich gut gemacht. Dafür nehme ich mich jetzt in die Arme und wertschätze mich: *Schau noch einmal auf die Tagebucheintragungen der Woche. Wähle 2 -3 Fakten aus*

Ein Ereignis hat mich besonders in meiner Alltagsroutine überrascht:
Bitte schau rückblickend auf die Frage „Überraschung"

Meine Erkenntnis aus dieser Überraschung ist....

Was mir noch wichtig ist hier einzutragen:
Brainstorming, Worte, Gedanken

Meine Essenzen/Themen der jeweiligen Tage:

Bitte trage alles, was du in Tagesessenzen aufgeschrieben hast, hier noch einmal ein:

Für mich ergibt sich ein Thema / eine Erkenntnis aus den Essenzen?

Aus dieser Erkenntnis möchte ich in den kommenden Tagen folgendes umsetzen: *To-do-Liste und wie genau umsetzen*

Dankbarkeit ist eine Liebes- erklärung an das Leben

Die starken Wirkungen von Dankbarkeit wurden in vielen unterschiedlichen Studien internationaler Forscherteams wissenschaftlich bewiesen. Dankbarkeit wirkt! Deswegen habe ich diese essentielle Frage mit in den Tagesablauf integriert. Selbst wenn du dich in diesem Trainingstagebuch nur mit dieser einen Frage am Ende des Tages beschäftigst und alle anderen Fragen und Übungen auslässt, wirst du an dir schon bald positive Veränderungen erleben.

Wirkungen der Dankbarkeit

- mehr Optimismus
- mehr Lebensfreude
- mehr Vitalität
- bessere Fitness
- mehr Kreativität
- größere Achtsamkeit
- Steigerung des Glücksniveaus um 25%
- weniger Arztbesuche
- Festigung und Aufbau sozialer Beziehungen
- weniger körperliche Symptome wie Kopf- oder Bauchschmerzen, Schwindel oder Muskelverspannungen
- weniger Angst, Neid, Wut
- Reduzierung von posttraumatischen Stress
- Stärkung der Herzgesundheit bei Herzpatienten
- Blutdrucksenkungen bis 25% bei Hochdruckpatienten
- Teilweise Reduzierung und Absetzung von Antidepressiva bei leichten bis mittelschweren Depressionen

Wann warst du das letzte Mal wirklich dankbar und für was? Versuche dich zu erinnern. Und welches Gefühl hattest du in diesem Augenblick – körperlich, mental und emotional? Dankbarkeit ist ein entscheidender Faktor zum Glück. Dankbarkeit ist eine Liebeserklärung-an das Leben. Warum ist uns das so wenig bewusst, dankbar zu sein? Ich glaube, dass ich in meinen früheren Jahrzehnten nicht wirklich dankbar war für das, was ist und war. Ich hatte oft einen Tunnelblick in meiner Aufmerksamkeit auf das Negative, mit einer Defizitbrille. Evolutionär ist das jedoch normal, wenn man Gefahr spürt. „Solange wir unseren Wunschvorstellungen anhaften, was die Welt uns schuldet, sind wir blind gegenüber den Geschenken, die wir bereits erhalten" (Gregg Krech). Die Aufarbeitung vieler Baustellen und traumatischer Erlebnisse sowie ihre Aussöhnung hat sehr viel Zeit in Anspruch genommen. Dankbarkeit war eher ein fremdes Wort für mich. Doch im Rückblick finde ich auch Schlüsselerlebnisse, in denen ich jetzt doch voller Dankbarkeit sein kann. Es tut gut, dies zu trainieren. Ich frage mich nur, wo und wie wurde und wird einer der wirkungsvollsten menschlichen Tugenden – die „Dankbarkeit"– je gelehrt? Im Kindergarten? In der Schule? Im Konfirmantenunterricht? Mit welchen Inhalten und Methoden? Ich meine nicht die Dankbarkeit, die von uns erwartet wird i.S. „sag mal danke!" – so, wie wir es noch aus unserer Kindheit kennen. Auch nicht die als Höflichkeitsfloskel trainierte Benimmregel. Und nicht die Dankbarkeit, die durch Religionsvorschriften von oben herab gepredigt wird. Ich meine, Dankbarkeit wirklich persönlich tief zu „erfahren", zu trainieren und zu erforschen.

Wofür kannst du dankbar sein?

Es gibt so viel, für das du danken kannst. Finde es heraus. Am besten mit der Frage vor dem Schlafengehen, für was du dich an diesem Tag bedanken möchtest. Du kommst von selbst drauf. Wenn nicht, gib nicht auf! Es gab und gibt auch für mich viele Tage, an denen ich nicht danken konnte und kann. Der körperliche oder seelische Schmerz ist zu groß und überlagert alles. Die Erkenntnis, dass gerade der Schmerz auch eine dankbare Botschaft ist, ist in diesem Stadium nur sehr schwer möglich. Dann schaue ich auf das weiße unbeschriebene Feld und nehme es erst einmal so wie es ist. Auch das hat eine Wirkung! Du wirst spüren, Danken ist fast wie ein Gebet. Danken bringt dich in eine andere Sphäre von Bewusstsein und fördert die Entwicklung deiner Spiritualität. Dazu brauchst du keine Religionen und Kirchen. Alles ist in dir vorhanden.

1. Wie war meine letzte Nacht bzw. mein Schlaf

1	2	3	4	5	5,5	6	7	8	9	10

Gibt es einen Traum/Träume? Wenn ja, welchen?

---

2. Mein Befinden im Verlaufe des Tages

Durchschnitt

morgens

	1	2	3	4	5	5,5	6	7	8	9	10
körperlich	1	2	3	4	5	5,5	6	7	8	9	10
emotional	1	2	3	4	5	5,5	6	7	8	9	10
mental	1	2	3	4	5	5,5	6	7	8	9	10

Durchschnitt

mittags

	1	2	3	4	5	5,5	6	7	8	9	10
körperlich	1	2	3	4	5	5,5	6	7	8	9	10
emotional	1	2	3	4	5	5,5	6	7	8	9	10
mental	1	2	3	4	5	5,5	6	7	8	9	10

Durchschnitt

abends

	1	2	3	4	5	5,5	6	7	8	9	10
körperlich	1	2	3	4	5	5,5	6	7	8	9	10
emotional	1	2	3	4	5	5,5	6	7	8	9	10
mental	1	2	3	4	5	5,5	6	7	8	9	10

Schmerzen? Wenn ja, welche, wann und wie:

Durchschnitt

	1	2	3	4	5	5,5	6	7	8	9	10
morgens	1	2	3	4	5	5,5	6	7	8	9	10
mittags	1	2	3	4	5	5,5	6	7	8	9	10
abends	1	2	3	4	5	5,5	6	7	8	9	10

Skala umgekehrt! 10 = schlimmster Schmerz

Falls Medikamente, welche sowie Dosis:

---

3. Meine Erlebnisse/Begegnungen? Welche waren wichtig?

Gesamtbefinden
Durchschnitt

ohne Schlafwert
ohne Schmerzw.

4. Was hat mich heute überrascht?

5. Was gibt es Gutes und Neues?

6. Was habe ich heute gut gemacht?

7. Selbstfürsorge. Wie habe ich heute für mich gesorgt? Körperlich, seelisch, mental. Damit es mir gut geht.

8. Was habe ich für mein Herz getan? Was hat mein Herz erreicht?

9. Was kann ich aus den heutigen Erfahrungen lernen? Was möchte ich in den kommenden Tagen besser machen?

10. Dank sagen. Ich bedanke mich heute für:

11. Was hält mich noch in Gedanken und/oder Gefühlen fest?

12. Was ist die Essenz dieses/meines Tages?

13. Ich lasse jetzt ganz los. Der Tag ist gelebt. Ich lese jetzt langsam:

„Der Tag ist vorbei. Der Tag ist gelebt. Ich habe heute mein Bestes gegeben. Ich konnte in meinem situativen Bewusstsein nur so handeln, wie ich gehandelt habe. Ich lasse los. Meine Gedanken, meine Gefühle, meinen Körper. Ich kann heute rückblickend nichts mehr ändern. Ich akzeptiere, wie es ist. Ich lasse los und übergebe mich dem Schlaf. Die Natur in mir arbeitet für mich weiter. Für meine Regeneration in der Nacht. Morgen ist ein neuer Tag ."

1. Wie war meine letzte Nacht bzw. mein Schlaf

1	2	3	4	5	5,5	6	7	8	9	10

Gibt es einen Traum/Träume? Wenn ja, welchen?

2. Mein Befinden im Verlaufe des Tages

Durchschnitt

morgens

	1	2	3	4	5	5,5	6	7	8	9	10
körperlich	1	2	3	4	5	5,5	6	7	8	9	10
emotional	1	2	3	4	5	5,5	6	7	8	9	10
mental	1	2	3	4	5	5,5	6	7	8	9	10

Durchschnitt

mittags

	1	2	3	4	5	5,5	6	7	8	9	10
körperlich	1	2	3	4	5	5,5	6	7	8	9	10
emotional	1	2	3	4	5	5,5	6	7	8	9	10
mental	1	2	3	4	5	5,5	6	7	8	9	10

Durchschnitt

abends

	1	2	3	4	5	5,5	6	7	8	9	10
körperlich	1	2	3	4	5	5,5	6	7	8	9	10
emotional	1	2	3	4	5	5,5	6	7	8	9	10
mental	1	2	3	4	5	5,5	6	7	8	9	10

Schmerzen? Wenn ja, welche, wann und wie:

Durchschnitt

	1	2	3	4	5	5,5	6	7	8	9	10
morgens	1	2	3	4	5	5,5	6	7	8	9	10
mittags	1	2	3	4	5	5,5	6	7	8	9	10
abends	1	2	3	4	5	5,5	6	7	8	9	10

Skala umgekehrt! 10 = schlimmster Schmerz

Falls Medikamente, welche sowie Dosis:

3. Meine Erlebnisse/Begegnungen? Welche waren wichtig?

Gesamtbefinden
Durchschnitt

ohne Schlafwert
ohne Schmerzw.

4. Was hat mich heute überrascht?

5. Was gibt es Gutes und Neues?

6. Was habe ich heute gut gemacht?

7. Selbstfürsorge. Wie habe ich heute für mich gesorgt? Körperlich, seelisch, mental. Damit es mir gut geht.

8. Was habe ich für mein Herz getan? Was hat mein Herz erreicht?

9. Was kann ich aus den heutigen Erfahrungen lernen? Was möchte ich in den kommenden Tagen besser machen?

10. Dank sagen. Ich bedanke mich heute für:

11. Was hält mich noch in Gedanken und/oder Gefühlen fest?

12. Was ist die Essenz dieses/meines Tages?

13. Ich lasse jetzt ganz los. Der Tag ist gelebt. Ich lese jetzt langsam:

„Der Tag ist vorbei. Der Tag ist gelebt. Ich habe heute mein Bestes gegeben. Ich konnte in meinem situativen Bewusstsein nur so handeln, wie ich gehandelt habe. Ich lasse los. Meine Gedanken, meine Gefühle, meinen Körper. Ich kann heute rückblickend nichts mehr ändern. Ich akzeptiere, wie es ist. Ich lasse los und übergebe mich dem Schlaf. Die Natur in mir arbeitet für mich weiter. Für meine Regeneration in der Nacht. Morgen ist ein neuer Tag .“

1. Wie war meine letzte Nacht bzw. mein Schlaf

1	2	3	4	5	5,5	6	7	8	9	10

Gibt es einen Traum/Träume? Wenn ja, welchen?

2. Mein Befinden im Verlaufe des Tages

morgens

Durchschnitt

körperlich	1	2	3	4	5	5,5	6	7	8	9	10
emotional	1	2	3	4	5	5,5	6	7	8	9	10
mental	1	2	3	4	5	5,5	6	7	8	9	10

mittags

Durchschnitt

körperlich	1	2	3	4	5	5,5	6	7	8	9	10
emotional	1	2	3	4	5	5,5	6	7	8	9	10
mental	1	2	3	4	5	5,5	6	7	8	9	10

abends

Durchschnitt

körperlich	1	2	3	4	5	5,5	6	7	8	9	10
emotional	1	2	3	4	5	5,5	6	7	8	9	10
mental	1	2	3	4	5	5,5	6	7	8	9	10

Schmerzen? Wenn ja, welche, wann und wie:

Durchschnitt

morgens	1	2	3	4	5	5,5	6	7	8	9	10
mittags	1	2	3	4	5	5,5	6	7	8	9	10
abends	1	2	3	4	5	5,5	6	7	8	9	10

Skala umgekehrt! 10 = schlimmster Schmerz

Falls Medikamente, welche sowie Dosis:

3. Meine Erlebnisse/Begegnungen? Welche waren wichtig?

*Gesamtbefinden
Durchschnitt*

*ohne Schlafwert
ohne Schmerzw.*

4. Was hat mich heute überrascht?

5. Was gibt es Gutes und Neues?

6. Was habe ich heute gut gemacht?

7. Selbstfürsorge. Wie habe ich heute für mich gesorgt? Körperlich, seelisch, mental. Damit es mir gut geht.

8. Was habe ich für mein Herz getan? Was hat mein Herz erreicht?

9. Was kann ich aus den heutigen Erfahrungen lernen? Was möchte ich in den kommenden Tagen besser machen?

10. Dank sagen. Ich bedanke mich heute für:

11. Was hält mich noch in Gedanken und/oder Gefühlen fest?

12. Was ist die Essenz dieses/meines Tages?

---

13. Ich lasse jetzt ganz los. Der Tag ist gelebt. Ich lese jetzt langsam:

„Der Tag ist vorbei. Der Tag ist gelebt. Ich habe heute mein Bestes gegeben. Ich konnte in meinem situativen Bewusstsein nur so handeln, wie ich gehandelt habe. Ich lasse los. Meine Gedanken, meine Gefühle, meinen Körper. Ich kann heute rückblickend nichts mehr ändern. Ich akzeptiere, wie es ist. Ich lasse los und übergebe mich dem Schlaf. Die Natur in mir arbeitet für mich weiter. Für meine Regeneration in der Nacht. Morgen ist ein neuer Tag .“

1. Wie war meine letzte Nacht bzw. mein Schlaf

1	2	3	4	5	5,5	6	7	8	9	10

Gibt es einen Traum/Träume? Wenn ja, welchen?

2. Mein Befinden im Verlaufe des Tages

Durchschnitt

morgens

	1	2	3	4	5	5,5	6	7	8	9	10
körperlich	1	2	3	4	5	5,5	6	7	8	9	10
emotional	1	2	3	4	5	5,5	6	7	8	9	10
mental	1	2	3	4	5	5,5	6	7	8	9	10

Durchschnitt

mittags

	1	2	3	4	5	5,5	6	7	8	9	10
körperlich	1	2	3	4	5	5,5	6	7	8	9	10
emotional	1	2	3	4	5	5,5	6	7	8	9	10
mental	1	2	3	4	5	5,5	6	7	8	9	10

Durchschnitt

abends

	1	2	3	4	5	5,5	6	7	8	9	10
körperlich	1	2	3	4	5	5,5	6	7	8	9	10
emotional	1	2	3	4	5	5,5	6	7	8	9	10
mental	1	2	3	4	5	5,5	6	7	8	9	10

Schmerzen? Wenn ja, welche, wann und wie:

Durchschnitt

	1	2	3	4	5	5,5	6	7	8	9	10
morgens	1	2	3	4	5	5,5	6	7	8	9	10
mittags	1	2	3	4	5	5,5	6	7	8	9	10
abends	1	2	3	4	5	5,5	6	7	8	9	10

Skala umgekehrt! 10 = schlimmster Schmerz

Falls Medikamente, welche sowie Dosis:

3. Meine Erlebnisse/Begegnungen? Welche waren wichtig?

Gesamtbefinden
Durchschnitt

ohne Schlafwert
ohne Schmerzw.

4. Was hat mich heute überrascht?

5. Was gibt es Gutes und Neues?

6. Was habe ich heute gut gemacht?

7. Selbstfürsorge. Wie habe ich heute für mich gesorgt? Körperlich, seelisch, mental. Damit es mir gut geht.

8. Was habe ich für mein Herz getan? Was hat mein Herz erreicht?

9. Was kann ich aus den heutigen Erfahrungen lernen? Was möchte ich in den kommenden Tagen besser machen?

10. Dank sagen. Ich bedanke mich heute für:

11. Was hält mich noch in Gedanken und/oder Gefühlen fest?

12. Was ist die Essenz dieses/meines Tages?

13. Ich lasse jetzt ganz los. Der Tag ist gelebt. Ich lese jetzt langsam:

„Der Tag ist vorbei. Der Tag ist gelebt. Ich habe heute mein Bestes gegeben. Ich konnte in meinem situativen Bewusstsein nur so handeln, wie ich gehandelt habe. Ich lasse los. Meine Gedanken, meine Gefühle, meinen Körper. Ich kann heute rückblickend nichts mehr ändern. Ich akzeptiere, wie es ist. Ich lasse los und übergebe mich dem Schlaf. Die Natur in mir arbeitet für mich weiter. Für meine Regeneration in der Nacht. Morgen ist ein neuer Tag ."

1. Wie war meine letzte Nacht bzw. mein Schlaf

1	2	3	4	5	5,5	6	7	8	9	10

Gibt es einen Traum/Träume? Wenn ja, welchen?

2. Mein Befinden im Verlaufe des Tages

Durchschnitt

morgens

	1	2	3	4	5	5,5	6	7	8	9	10
körperlich	1	2	3	4	5	5,5	6	7	8	9	10
emotional	1	2	3	4	5	5,5	6	7	8	9	10
mental	1	2	3	4	5	5,5	6	7	8	9	10

Durchschnitt

mittags

	1	2	3	4	5	5,5	6	7	8	9	10
körperlich	1	2	3	4	5	5,5	6	7	8	9	10
emotional	1	2	3	4	5	5,5	6	7	8	9	10
mental	1	2	3	4	5	5,5	6	7	8	9	10

Durchschnitt

abends

	1	2	3	4	5	5,5	6	7	8	9	10
körperlich	1	2	3	4	5	5,5	6	7	8	9	10
emotional	1	2	3	4	5	5,5	6	7	8	9	10
mental	1	2	3	4	5	5,5	6	7	8	9	10

Schmerzen? Wenn ja, welche, wann und wie:

Durchschnitt

	1	2	3	4	5	5,5	6	7	8	9	10
morgens	1	2	3	4	5	5,5	6	7	8	9	10
mittags	1	2	3	4	5	5,5	6	7	8	9	10
abends	1	2	3	4	5	5,5	6	7	8	9	10

Skala umgekehrt! 10 = schlimmster Schmerz

Falls Medikamente, welche sowie Dosis:

3. Meine Erlebnisse/Begegnungen? Welche waren wichtig?

Gesamtbefinden
Durchschnitt

<u>ohne</u> Schlafwert
<u>ohne</u> Schmerzw.

4. Was hat mich heute überrascht?

5. Was gibt es Gutes und Neues?

6. Was habe ich heute gut gemacht?

7. Selbstfürsorge. Wie habe ich heute für mich gesorgt? Körperlich, seelisch, mental. Damit es mir gut geht.

8. Was habe ich für mein Herz getan? Was hat mein Herz erreicht?

9. Was kann ich aus den heutigen Erfahrungen lernen? Was möchte ich in den kommenden Tagen besser machen?

10. Dank sagen. Ich bedanke mich heute für:

11. Was hält mich noch in Gedanken und/oder Gefühlen fest?

12. Was ist die Essenz dieses/meines Tages?

13. Ich lasse jetzt ganz los. Der Tag ist gelebt. Ich lese jetzt langsam:

„Der Tag ist vorbei. Der Tag ist gelebt. Ich habe heute mein Bestes gegeben. Ich konnte in meinem situativen Bewusstsein nur so handeln, wie ich gehandelt habe. Ich lasse los. Meine Gedanken, meine Gefühle, meinen Körper. Ich kann heute rückblickend nichts mehr ändern. Ich akzeptiere, wie es ist. Ich lasse los und übergebe mich dem Schlaf. Die Natur in mir arbeitet für mich weiter. Für meine Regeneration in der Nacht. Morgen ist ein neuer Tag ."

1. Wie war meine letzte Nacht bzw. mein Schlaf

1	2	3	4	5	5,5	6	7	8	9	10

Gibt es einen Traum/Träume? Wenn ja, welchen?

2. Mein Befinden im Verlaufe des Tages

morgens

Durchschnitt

	1	2	3	4	5	5,5	6	7	8	9	10
körperlich	1	2	3	4	5	5,5	6	7	8	9	10
emotional	1	2	3	4	5	5,5	6	7	8	9	10
mental	1	2	3	4	5	5,5	6	7	8	9	10

mittags

Durchschnitt

	1	2	3	4	5	5,5	6	7	8	9	10
körperlich	1	2	3	4	5	5,5	6	7	8	9	10
emotional	1	2	3	4	5	5,5	6	7	8	9	10
mental	1	2	3	4	5	5,5	6	7	8	9	10

abends

Durchschnitt

	1	2	3	4	5	5,5	6	7	8	9	10
körperlich	1	2	3	4	5	5,5	6	7	8	9	10
emotional	1	2	3	4	5	5,5	6	7	8	9	10
mental	1	2	3	4	5	5,5	6	7	8	9	10

Schmerzen? Wenn ja, welche, wann und wie:

Durchschnitt

	1	2	3	4	5	5,5	6	7	8	9	10
morgens	1	2	3	4	5	5,5	6	7	8	9	10
mittags	1	2	3	4	5	5,5	6	7	8	9	10
abends	1	2	3	4	5	5,5	6	7	8	9	10

Skala umgekehrt! 10 = schlimmster Schmerz

Falls Medikamente, welche sowie Dosis:

3. Meine Erlebnisse/Begegnungen? Welche waren wichtig?

Gesamtbefinden
Durchschnitt

ohne Schlafwert
ohne Schmerzw.

4. Was hat mich heute überrascht?

5. Was gibt es Gutes und Neues?

6. Was habe ich heute gut gemacht?

7. Selbstfürsorge. Wie habe ich heute für mich gesorgt? Körperlich, seelisch, mental. Damit es mir gut geht.

8. Was habe ich für mein Herz getan? Was hat mein Herz erreicht?

9. Was kann ich aus den heutigen Erfahrungen lernen? Was möchte ich in den kommenden Tagen besser machen?

10. Dank sagen. Ich bedanke mich heute für:

11. Was hält mich noch in Gedanken und/oder Gefühlen fest?

12. Was ist die Essenz dieses/meines Tages?

13. Ich lasse jetzt ganz los. Der Tag ist gelebt. Ich lese jetzt langsam:

„Der Tag ist vorbei. Der Tag ist gelebt. Ich habe heute mein Bestes gegeben. Ich konnte in meinem situativen Bewusstsein nur so handeln, wie ich gehandelt habe. Ich lasse los. Meine Gedanken, meine Gefühle, meinen Körper. Ich kann heute rückblickend nichts mehr ändern. Ich akzeptiere, wie es ist. Ich lasse los und übergebe mich dem Schlaf. Die Natur in mir arbeitet für mich weiter. Für meine Regeneration in der Nacht. Morgen ist ein neuer Tag."

1. Wie war meine letzte Nacht bzw. mein Schlaf

1	2	3	4	5	5,5	6	7	8	9	10

Gibt es einen Traum/Träume? Wenn ja, welchen?

2. Mein Befinden im Verlaufe des Tages

Durchschnitt

morgens

körperlich

1	2	3	4	5	5,5	6	7	8	9	10

emotional

1	2	3	4	5	5,5	6	7	8	9	10

mental

1	2	3	4	5	5,5	6	7	8	9	10

Durchschnitt

mittags

körperlich

1	2	3	4	5	5,5	6	7	8	9	10

emotional

1	2	3	4	5	5,5	6	7	8	9	10

mental

1	2	3	4	5	5,5	6	7	8	9	10

Durchschnitt

abends

körperlich

1	2	3	4	5	5,5	6	7	8	9	10

emotional

1	2	3	4	5	5,5	6	7	8	9	10

mental

1	2	3	4	5	5,5	6	7	8	9	10

Schmerzen? Wenn ja, welche, wann und wie:

Durchschnitt

morgens

1	2	3	4	5	5,5	6	7	8	9	10

mittags

1	2	3	4	5	5,5	6	7	8	9	10

abends

1	2	3	4	5	5,5	6	7	8	9	10

Skala umgekehrt! 10 = schlimmster Schmerz

Falls Medikamente, welche sowie Dosis:

3. Meine Erlebnisse/Begegnungen? Welche waren wichtig?

*Gesamtbefinden
Durchschnitt*

*ohne Schlafwert
ohne Schmerzw.*

4. Was hat mich heute überrascht?

5. Was gibt es Gutes und Neues?

6. Was habe ich heute gut gemacht?

7. Selbstfürsorge. Wie habe ich heute für mich gesorgt? Körperlich, seelisch, mental. Damit es mir gut geht.

8. Was habe ich für mein Herz getan? Was hat mein Herz erreicht?

9. Was kann ich aus den heutigen Erfahrungen lernen? Was möchte ich in den kommenden Tagen besser machen?

10. Dank sagen. Ich bedanke mich heute für:

11. Was hält mich noch in Gedanken und/oder Gefühlen fest?

12. Was ist die Essenz dieses/meines Tages?

13. Ich lasse jetzt ganz los. Der Tag ist gelebt. Ich lese jetzt langsam:

„Der Tag ist vorbei. Der Tag ist gelebt. Ich habe heute mein Bestes gegeben. Ich konnte in meinem situativen Bewusstsein nur so handeln, wie ich gehandelt habe. Ich lasse los. Meine Gedanken, meine Gefühle, meinen Körper. Ich kann heute rückblickend nichts mehr ändern. Ich akzeptiere, wie es ist. Ich lasse los und übergebe mich dem Schlaf. Die Natur in mir arbeitet für mich weiter. Für meine Regeneration in der Nacht. Morgen ist ein neuer Tag ."

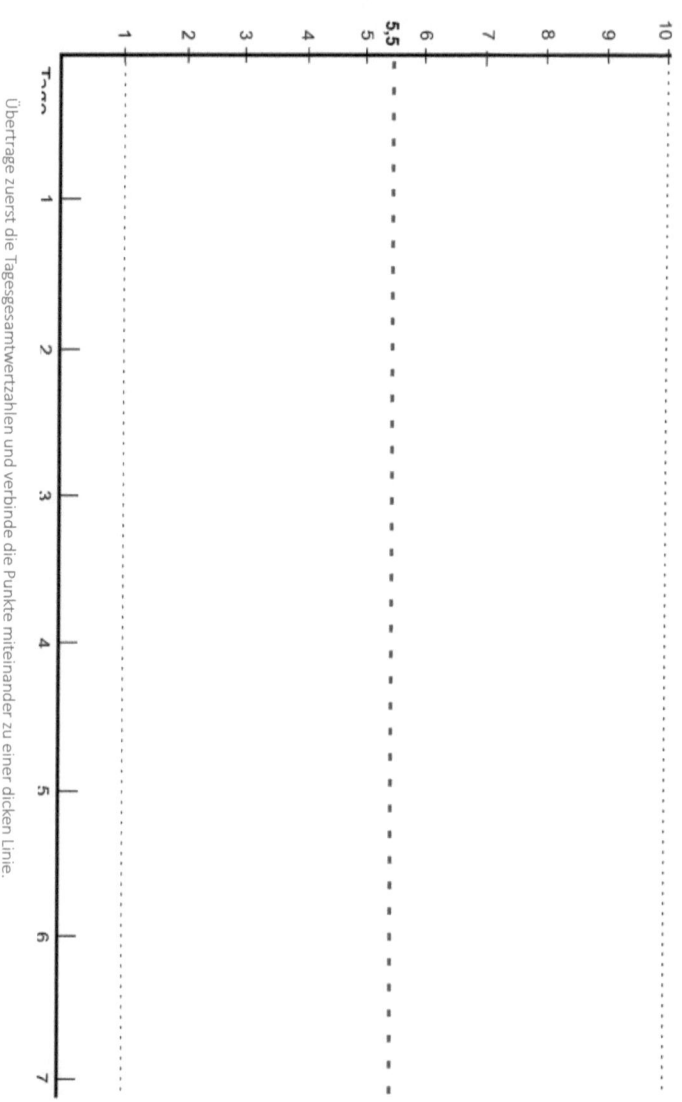

Tage

10
9
8
7
6
5.5
5
4
3
2
1

1   2   3   4   5   6   7

Übertrage zuerst die Tagesgesamtwertzahlen und verbinde die Punkte miteinander zu einer dicken Linie.

Trage anschließend die weiteren Werte für körperliches, emotionales, mentales Befinden sowie Schlafbefinden ein und verbinde sie ebenso zu Kurven – am besten mit verschiedenen Farbstiften oder zur Unterscheidung kenntlichen Markierungen. Die Mittelwert ist 5,5. Liegt deine Kurve insgesamt über dieser Linie oder unter der Linie?

Gesamtdurchschnittswert der Woche für die Übungen:
Tageswerte addieren – durch 7 teilen oder der faktisch absolvierten Übungstage

Wochengesamtwert

ohne Schlafwert und ohne Schmerzwert

Wochenwert körperlich ....

Wochenwert emotional ....

Wochenwert mental ....

Wochenwert Schlaf ....

Schmerzen/Schmerzverlauf/Wert ....
Hat sich etwas verändert? Gab es Tage der Schmerzfreiheit?

In meinem Befinden hat sich etwas verändert:

körperlich

emotional

mental

Falls ja. Welche Gründe gibt es für die Veränderung?

Ich möchte mich für die vergangene Woche besonders bedanken für:
Schau noch einmal auf deine Danksagungen. Entscheide dich für eine oder zwei Danksagungen oder schreibe etwas Neues auf, was dir einfällt:

Ich habe folgendes wirklich gut gemacht. Dafür nehme ich mich jetzt in die Arme und wertschätze mich: *Schau noch einmal auf die Tagebucheintragungen der Woche. Wähle 2 -3 Fakten aus*

Ein Ereignis hat mich besonders in meiner Alltagsroutine überrascht:
Bitte schau rückblickend auf die Frage „Überraschung"

Meine Erkenntnis aus dieser Überraschung ist....

Was mir noch wichtig ist hier einzutragen:
Brainstorming, Worte, Gedanken

Meine Essenzen/Themen der jeweiligen Tage:

Bitte trage alles, was du in Tagesessenzen aufgeschrieben hast, hier noch einmal ein:

Für mich ergibt sich ein Thema / eine Erkenntnis aus den Essenzen?

Aus dieser Erkenntnis möchte ich in den kommenden Tagen folgendes umsetzen: *To-do-Liste und wie genau umsetzen*

1. Wie war meine letzte Nacht bzw. mein Schlaf

1	2	3	4	5	5,5	6	7	8	9	10

Gibt es einen Traum/Träume? Wenn ja, welchen?

2. Mein Befinden im Verlaufe des Tages

morgens

Durchschnitt

	1	2	3	4	5	5,5	6	7	8	9	10
körperlich	1	2	3	4	5	5,5	6	7	8	9	10
emotional	1	2	3	4	5	5,5	6	7	8	9	10
mental	1	2	3	4	5	5,5	6	7	8	9	10

mittags

Durchschnitt

	1	2	3	4	5	5,5	6	7	8	9	10
körperlich	1	2	3	4	5	5,5	6	7	8	9	10
emotional	1	2	3	4	5	5,5	6	7	8	9	10
mental	1	2	3	4	5	5,5	6	7	8	9	10

abends

Durchschnitt

	1	2	3	4	5	5,5	6	7	8	9	10
körperlich	1	2	3	4	5	5,5	6	7	8	9	10
emotional	1	2	3	4	5	5,5	6	7	8	9	10
mental	1	2	3	4	5	5,5	6	7	8	9	10

Schmerzen? Wenn ja, welche, wann und wie:

Durchschnitt

	1	2	3	4	5	5,5	6	7	8	9	10
morgens	1	2	3	4	5	5,5	6	7	8	9	10
mittags	1	2	3	4	5	5,5	6	7	8	9	10
abends	1	2	3	4	5	5,5	6	7	8	9	10

Skala umgekehrt! 10 = schlimmster Schmerz

Falls Medikamente, welche sowie Dosis:

3. Meine Erlebnisse/Begegnungen? Welche waren wichtig?

Gesamtbefinden
Durchschnitt

ohne Schlafwert
ohne Schmerzw.

4. Was hat mich heute überrascht?

5. Was gibt es Gutes und Neues?

6. Was habe ich heute gut gemacht?

7. Selbstfürsorge. Wie habe ich heute für mich gesorgt? Körperlich, seelisch, mental. Damit es mir gut geht.

8. Was habe ich für mein Herz getan? Was hat mein Herz erreicht?

9. Was kann ich aus den heutigen Erfahrungen lernen? Was möchte ich in den kommenden Tagen besser machen?

10. Dank sagen. Ich bedanke mich heute für:

11. Was hält mich noch in Gedanken und/oder Gefühlen fest?

12. Was ist die Essenz dieses/meines Tages?

13. Ich lasse jetzt ganz los. Der Tag ist gelebt. Ich lese jetzt langsam:

„Der Tag ist vorbei. Der Tag ist gelebt. Ich habe heute mein Bestes gegeben. Ich konnte in meinem situativen Bewusstsein nur so handeln, wie ich gehandelt habe. Ich lasse los. Meine Gedanken, meine Gefühle, meinen Körper. Ich kann heute rückblickend nichts mehr ändern. Ich akzeptiere, wie es ist. Ich lasse los und übergebe mich dem Schlaf. Die Natur in mir arbeitet für mich weiter. Für meine Regeneration in der Nacht. Morgen ist ein neuer Tag."

1. Wie war meine letzte Nacht bzw. mein Schlaf

1	2	3	4	5	5,5	6	7	8	9	10

Gibt es einen Traum/Träume? Wenn ja, welchen?

2. Mein Befinden im Verlaufe des Tages

Durchschnitt

morgens

	1	2	3	4	5	5,5	6	7	8	9	10
körperlich	1	2	3	4	5	5,5	6	7	8	9	10
emotional	1	2	3	4	5	5,5	6	7	8	9	10
mental	1	2	3	4	5	5,5	6	7	8	9	10

Durchschnitt

mittags

	1	2	3	4	5	5,5	6	7	8	9	10
körperlich	1	2	3	4	5	5,5	6	7	8	9	10
emotional	1	2	3	4	5	5,5	6	7	8	9	10
mental	1	2	3	4	5	5,5	6	7	8	9	10

Durchschnitt

abends

	1	2	3	4	5	5,5	6	7	8	9	10
körperlich	1	2	3	4	5	5,5	6	7	8	9	10
emotional	1	2	3	4	5	5,5	6	7	8	9	10
mental	1	2	3	4	5	5,5	6	7	8	9	10

Schmerzen? Wenn ja, welche, wann und wie:

Durchschnitt

	1	2	3	4	5	5,5	6	7	8	9	10
morgens	1	2	3	4	5	5,5	6	7	8	9	10
mittags	1	2	3	4	5	5,5	6	7	8	9	10
abends	1	2	3	4	5	5,5	6	7	8	9	10

Skala umgekehrt! 10 = schlimmster Schmerz

Falls Medikamente, welche sowie Dosis:

3. Meine Erlebnisse/Begegnungen? Welche waren wichtig?

Gesamtbefinden
Durchschnitt

ohne *Schlafwert*
ohne *Schmerzw.*

4. Was hat mich heute überrascht?

5. Was gibt es Gutes und Neues?

6. Was habe ich heute gut gemacht?

7. Selbstfürsorge. Wie habe ich heute für mich gesorgt? Körperlich, seelisch, mental. Damit es mir gut geht.

8. Was habe ich für mein Herz getan? Was hat mein Herz erreicht?

9. Was kann ich aus den heutigen Erfahrungen lernen? Was möchte ich in den kommenden Tagen besser machen?

10. Dank sagen. Ich bedanke mich heute für:

11. Was hält mich noch in Gedanken und/oder Gefühlen fest?

12. Was ist die Essenz dieses/meines Tages?

13. Ich lasse jetzt ganz los. Der Tag ist gelebt. Ich lese jetzt langsam:

„Der Tag ist vorbei. Der Tag ist gelebt. Ich habe heute mein Bestes gegeben. Ich konnte in meinem situativen Bewusstsein nur so handeln, wie ich gehandelt habe. Ich lasse los. Meine Gedanken, meine Gefühle, meinen Körper. Ich kann heute rückblickend nichts mehr ändern. Ich akzeptiere, wie es ist. Ich lasse los und übergebe mich dem Schlaf. Die Natur in mir arbeitet für mich weiter. Für meine Regeneration in der Nacht. Morgen ist ein neuer Tag."

1. Wie war meine letzte Nacht bzw. mein Schlaf

1	2	3	4	5	5,5	6	7	8	9	10

Gibt es einen Traum/Träume? Wenn ja, welchen?

2. Mein Befinden im Verlaufe des Tages

Durchschnitt

morgens

	1	2	3	4	5	5,5	6	7	8	9	10
körperlich	1	2	3	4	5	5,5	6	7	8	9	10
emotional	1	2	3	4	5	5,5	6	7	8	9	10
mental	1	2	3	4	5	5,5	6	7	8	9	10

Durchschnitt

mittags

	1	2	3	4	5	5,5	6	7	8	9	10
körperlich	1	2	3	4	5	5,5	6	7	8	9	10
emotional	1	2	3	4	5	5,5	6	7	8	9	10
mental	1	2	3	4	5	5,5	6	7	8	9	10

Durchschnitt

abends

	1	2	3	4	5	5,5	6	7	8	9	10
körperlich	1	2	3	4	5	5,5	6	7	8	9	10
emotional	1	2	3	4	5	5,5	6	7	8	9	10
mental	1	2	3	4	5	5,5	6	7	8	9	10

Schmerzen? Wenn ja, welche, wann und wie:

Durchschnitt

	1	2	3	4	5	5,5	6	7	8	9	10
morgens	1	2	3	4	5	5,5	6	7	8	9	10
mittags	1	2	3	4	5	5,5	6	7	8	9	10
abends	1	2	3	4	5	5,5	6	7	8	9	10

Skala umgekehrt! 10 = schlimmster Schmerz

Falls Medikamente, welche sowie Dosis:

3. Meine Erlebnisse/Begegnungen? Welche waren wichtig?

Gesamtbefinden
Durchschnitt

<u>ohne</u> *Schlafwert*
<u>ohne</u> *Schmerzw.*

4. Was hat mich heute überrascht?

5. Was gibt es Gutes und Neues?

6. Was habe ich heute gut gemacht?

7. Selbstfürsorge. Wie habe ich heute für mich gesorgt? Körperlich, seelisch, mental. Damit es mir gut geht.

8. Was habe ich für mein Herz getan? Was hat mein Herz erreicht?

9. Was kann ich aus den heutigen Erfahrungen lernen? Was möchte ich in den kommenden Tagen besser machen?

10. Dank sagen. Ich bedanke mich heute für:

11. Was hält mich noch in Gedanken und/oder Gefühlen fest?

12. Was ist die Essenz dieses/meines Tages?

13. Ich lasse jetzt ganz los. Der Tag ist gelebt. Ich lese jetzt langsam:

„Der Tag ist vorbei. Der Tag ist gelebt. Ich habe heute mein Bestes gegeben. Ich konnte in meinem situativen Bewusstsein nur so handeln, wie ich gehandelt habe. Ich lasse los. Meine Gedanken, meine Gefühle, meinen Körper. Ich kann heute rückblickend nichts mehr ändern. Ich akzeptiere, wie es ist. Ich lasse los und übergebe mich dem Schlaf. Die Natur in mir arbeitet für mich weiter. Für meine Regeneration in der Nacht. Morgen ist ein neuer Tag ."

1. Wie war meine letzte Nacht bzw. mein Schlaf

1	2	3	4	5	5,5	6	7	8	9	10

Gibt es einen Traum/Träume? Wenn ja, welchen?

2. Mein Befinden im Verlaufe des Tages

Durchschnitt

morgens

	1	2	3	4	5	5,5	6	7	8	9	10
körperlich	1	2	3	4	5	5,5	6	7	8	9	10
emotional	1	2	3	4	5	5,5	6	7	8	9	10
mental	1	2	3	4	5	5,5	6	7	8	9	10

Durchschnitt

mittags

	1	2	3	4	5	5,5	6	7	8	9	10
körperlich	1	2	3	4	5	5,5	6	7	8	9	10
emotional	1	2	3	4	5	5,5	6	7	8	9	10
mental	1	2	3	4	5	5,5	6	7	8	9	10

Durchschnitt

abends

	1	2	3	4	5	5,5	6	7	8	9	10
körperlich	1	2	3	4	5	5,5	6	7	8	9	10
emotional	1	2	3	4	5	5,5	6	7	8	9	10
mental	1	2	3	4	5	5,5	6	7	8	9	10

Schmerzen? Wenn ja, welche, wann und wie:

Durchschnitt

	1	2	3	4	5	5,5	6	7	8	9	10
morgens	1	2	3	4	5	5,5	6	7	8	9	10
mittags	1	2	3	4	5	5,5	6	7	8	9	10
abends	1	2	3	4	5	5,5	6	7	8	9	10

Skala umgekehrt! 10 = schlimmster Schmerz

Falls Medikamente, welche sowie Dosis:

3. Meine Erlebnisse/Begegnungen? Welche waren wichtig?

Gesamtbefinden
Durchschnitt

<u>ohne</u> *Schlafwert*
<u>ohne</u> *Schmerzw.*

4. Was hat mich heute überrascht?

5. Was gibt es Gutes und Neues?

6. Was habe ich heute gut gemacht?

7. Selbstfürsorge. Wie habe ich heute für mich gesorgt? Körperlich, seelisch, mental. Damit es mir gut geht.

8. Was habe ich für mein Herz getan? Was hat mein Herz erreicht?

9. Was kann ich aus den heutigen Erfahrungen lernen? Was möchte ich in den kommenden Tagen besser machen?

10. Dank sagen. Ich bedanke mich heute für:

11. Was hält mich noch in Gedanken und/oder Gefühlen fest?

12. Was ist die Essenz dieses/meines Tages?

13. Ich lasse jetzt ganz los. Der Tag ist gelebt. Ich lese jetzt langsam:

„Der Tag ist vorbei. Der Tag ist gelebt. Ich habe heute mein Bestes gegeben. Ich konnte in meinem situativen Bewusstsein nur so handeln, wie ich gehandelt habe. Ich lasse los. Meine Gedanken, meine Gefühle, meinen Körper. Ich kann heute rückblickend nichts mehr ändern. Ich akzeptiere, wie es ist. Ich lasse los und übergebe mich dem Schlaf. Die Natur in mir arbeitet für mich weiter. Für meine Regeneration in der Nacht. Morgen ist ein neuer Tag ."

1. Wie war meine letzte Nacht bzw. mein Schlaf

1	2	3	4	5	5,5	6	7	8	9	10

Gibt es einen Traum/Träume? Wenn ja, welchen?

2. Mein Befinden im Verlaufe des Tages

Durchschnitt

morgens

	1	2	3	4	5	5,5	6	7	8	9	10
körperlich	1	2	3	4	5	5,5	6	7	8	9	10
emotional	1	2	3	4	5	5,5	6	7	8	9	10
mental	1	2	3	4	5	5,5	6	7	8	9	10

Durchschnitt

mittags

	1	2	3	4	5	5,5	6	7	8	9	10
körperlich	1	2	3	4	5	5,5	6	7	8	9	10
emotional	1	2	3	4	5	5,5	6	7	8	9	10
mental	1	2	3	4	5	5,5	6	7	8	9	10

Durchschnitt

abends

	1	2	3	4	5	5,5	6	7	8	9	10
körperlich	1	2	3	4	5	5,5	6	7	8	9	10
emotional	1	2	3	4	5	5,5	6	7	8	9	10
mental	1	2	3	4	5	5,5	6	7	8	9	10

Schmerzen? Wenn ja, welche, wann und wie:

Durchschnitt

	1	2	3	4	5	5,5	6	7	8	9	10
morgens	1	2	3	4	5	5,5	6	7	8	9	10
mittags	1	2	3	4	5	5,5	6	7	8	9	10
abends	1	2	3	4	5	5,5	6	7	8	9	10

Skala umgekehrt! 10 = schlimmster Schmerz

Falls Medikamente, welche sowie Dosis:

3. Meine Erlebnisse/Begegnungen? Welche waren wichtig?

Gesamtbefinden
Durchschnitt

ohne Schlafwert
ohne Schmerzw.

4. Was hat mich heute überrascht?

5. Was gibt es Gutes und Neues?

6. Was habe ich heute gut gemacht?

7. Selbstfürsorge. Wie habe ich heute für mich gesorgt? Körperlich, seelisch, mental. Damit es mir gut geht.

8. Was habe ich für mein Herz getan? Was hat mein Herz erreicht?

9. Was kann ich aus den heutigen Erfahrungen lernen? Was möchte ich in den kommenden Tagen besser machen?

10. Dank sagen. Ich bedanke mich heute für:

11. Was hält mich noch in Gedanken und/oder Gefühlen fest?

12. Was ist die Essenz dieses/meines Tages?

13. Ich lasse jetzt ganz los. Der Tag ist gelebt. Ich lese jetzt langsam:

„Der Tag ist vorbei. Der Tag ist gelebt. Ich habe heute mein Bestes gegeben. Ich konnte in meinem situativen Bewusstsein nur so handeln, wie ich gehandelt habe. Ich lasse los. Meine Gedanken, meine Gefühle, meinen Körper. Ich kann heute rückblickend nichts mehr ändern. Ich akzeptiere, wie es ist. Ich lasse los und übergebe mich dem Schlaf. Die Natur in mir arbeitet für mich weiter. Für meine Regeneration in der Nacht. Morgen ist ein neuer Tag."

1. Wie war meine letzte Nacht bzw. mein Schlaf

1	2	3	4	5	5,5	6	7	8	9	10

Gibt es einen Traum/Träume? Wenn ja, welchen?

2. Mein Befinden im Verlaufe des Tages

morgens

Durchschnitt

	1	2	3	4	5	5,5	6	7	8	9	10
körperlich	1	2	3	4	5	5,5	6	7	8	9	10
emotional	1	2	3	4	5	5,5	6	7	8	9	10
mental	1	2	3	4	5	5,5	6	7	8	9	10

mittags

Durchschnitt

	1	2	3	4	5	5,5	6	7	8	9	10
körperlich	1	2	3	4	5	5,5	6	7	8	9	10
emotional	1	2	3	4	5	5,5	6	7	8	9	10
mental	1	2	3	4	5	5,5	6	7	8	9	10

abends

Durchschnitt

	1	2	3	4	5	5,5	6	7	8	9	10
körperlich	1	2	3	4	5	5,5	6	7	8	9	10
emotional	1	2	3	4	5	5,5	6	7	8	9	10
mental	1	2	3	4	5	5,5	6	7	8	9	10

Schmerzen? Wenn ja, welche, wann und wie:

Durchschnitt

	1	2	3	4	5	5,5	6	7	8	9	10
morgens	1	2	3	4	5	5,5	6	7	8	9	10
mittags	1	2	3	4	5	5,5	6	7	8	9	10
abends	1	2	3	4	5	5,5	6	7	8	9	10

Skala umgekehrt! 10 = schlimmster Schmerz

Falls Medikamente, welche sowie Dosis:

3. Meine Erlebnisse/Begegnungen? Welche waren wichtig?

Gesamtbefinden
Durchschnitt

<u>ohne</u> Schlafwert
<u>ohne</u> Schmerzw.

4. Was hat mich heute überrascht?

5. Was gibt es Gutes und Neues?

6. Was habe ich heute gut gemacht?

7. Selbstfürsorge. Wie habe ich heute für mich gesorgt? Körperlich, seelisch, mental. Damit es mir gut geht.

8. Was habe ich für mein Herz getan? Was hat mein Herz erreicht?

9. Was kann ich aus den heutigen Erfahrungen lernen? Was möchte ich in den kommenden Tagen besser machen?

10. Dank sagen. Ich bedanke mich heute für:

11. Was hält mich noch in Gedanken und/oder Gefühlen fest?

12. Was ist die Essenz dieses/meines Tages?

| |
| |

13. Ich lasse jetzt ganz los. Der Tag ist gelebt. Ich lese jetzt langsam:

„Der Tag ist vorbei. Der Tag ist gelebt. Ich habe heute mein Bestes gegeben. Ich konnte in meinem situativen Bewusstsein nur so handeln, wie ich gehandelt habe. Ich lasse los. Meine Gedanken, meine Gefühle, meinen Körper. Ich kann heute rückblickend nichts mehr ändern. Ich akzeptiere, wie es ist. Ich lasse los und übergebe mich dem Schlaf. Die Natur in mir arbeitet für mich weiter. Für meine Regeneration in der Nacht. Morgen ist ein neuer Tag ."

1. Wie war meine letzte Nacht bzw. mein Schlaf

1	2	3	4	5	5,5	6	7	8	9	10

Gibt es einen Traum/Träume? Wenn ja, welchen?

2. Mein Befinden im Verlaufe des Tages

morgens

Durchschnitt

	1	2	3	4	5	5,5	6	7	8	9	10
körperlich	1	2	3	4	5	5,5	6	7	8	9	10
emotional	1	2	3	4	5	5,5	6	7	8	9	10
mental	1	2	3	4	5	5,5	6	7	8	9	10

mittags

Durchschnitt

	1	2	3	4	5	5,5	6	7	8	9	10
körperlich	1	2	3	4	5	5,5	6	7	8	9	10
emotional	1	2	3	4	5	5,5	6	7	8	9	10
mental	1	2	3	4	5	5,5	6	7	8	9	10

abends

Durchschnitt

	1	2	3	4	5	5,5	6	7	8	9	10
körperlich	1	2	3	4	5	5,5	6	7	8	9	10
emotional	1	2	3	4	5	5,5	6	7	8	9	10
mental	1	2	3	4	5	5,5	6	7	8	9	10

Schmerzen? Wenn ja, welche, wann und wie:

Durchschnitt

	1	2	3	4	5	5,5	6	7	8	9	10
morgens	1	2	3	4	5	5,5	6	7	8	9	10
mittags	1	2	3	4	5	5,5	6	7	8	9	10
abends	1	2	3	4	5	5,5	6	7	8	9	10

Skala umgekehrt! 10 = schlimmster Schmerz

Falls Medikamente, welche sowie Dosis:

3. Meine Erlebnisse/Begegnungen? Welche waren wichtig?

Gesamtbefinden
Durchschnitt

ohne Schlafwert
ohne Schmerzw.

4. Was hat mich heute überrascht?

5. Was gibt es Gutes und Neues?

6. Was habe ich heute gut gemacht?

7. Selbstfürsorge. Wie habe ich heute für mich gesorgt? Körperlich, seelisch, mental. Damit es mir gut geht.

8. Was habe ich für mein Herz getan? Was hat mein Herz erreicht?

9. Was kann ich aus den heutigen Erfahrungen lernen? Was möchte ich in den kommenden Tagen besser machen?

10. Dank sagen. Ich bedanke mich heute für:

11. Was hält mich noch in Gedanken und/oder Gefühlen fest?

12. Was ist die Essenz dieses/meines Tages?

13. Ich lasse jetzt ganz los. Der Tag ist gelebt. Ich lese jetzt langsam:

„Der Tag ist vorbei. Der Tag ist gelebt. Ich habe heute mein Bestes gegeben. Ich konnte in meinem situativen Bewusstsein nur so handeln, wie ich gehandelt habe. Ich lasse los. Meine Gedanken, meine Gefühle, meinen Körper. Ich kann heute rückblickend nichts mehr ändern. Ich akzeptiere, wie es ist. Ich lasse los und übergebe mich dem Schlaf. Die Natur in mir arbeitet für mich weiter. Für meine Regeneration in der Nacht. Morgen ist ein neuer Tag."

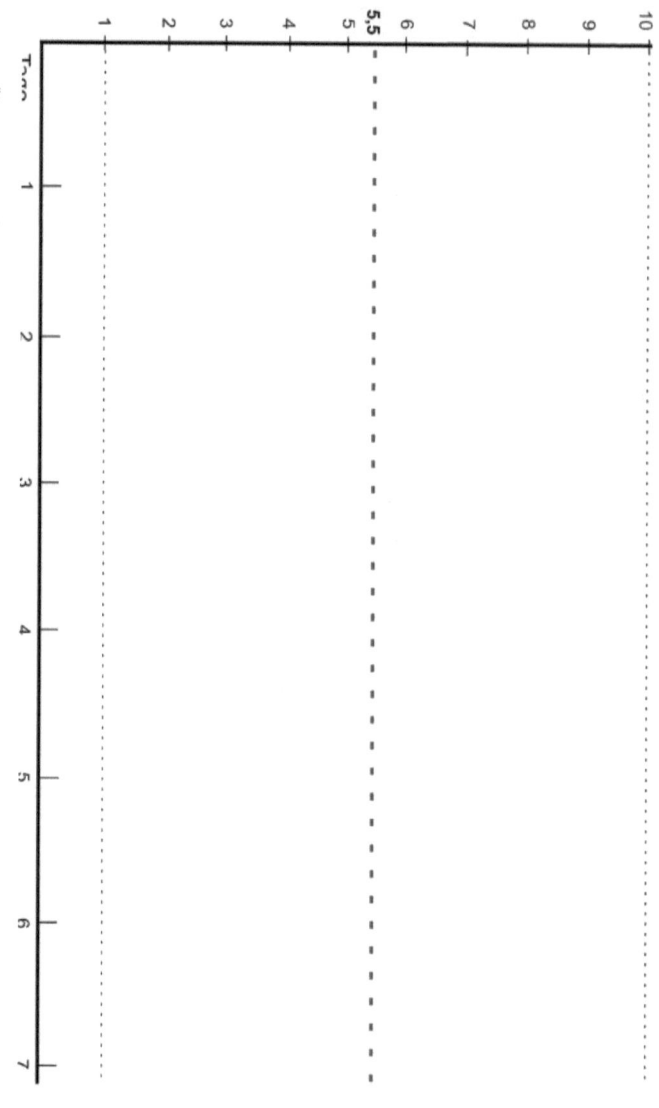

Übertrage zuerst die Tagesgesamtwertzahlen und verbinde die Punkte miteinander zu einer dicken Linie.

Trage anschließend die weiteren Werte für körperliches, emotionales, mentales Befinden sowie Schlafbefinden ein und verbinde sie ebenso zu Kurven – am besten mit verschiedenen Farbstiften oder zur Unterscheidung kenntlichen Markierungen. Die Mittelwert ist 5,5. Liegt deine Kurve insgesamt über dieser Linie oder unter der Linie?

Gesamtdurchschnittswert der Woche für die Übungen:
Tageswerte addieren – durch 7 teilen oder der faktisch absolvierten Übungstage

Wochengesamtwert

ohne Schlafwert und ohne Schmerzwert

Wochenwert körperlich	....
Wochenwert emotional	....
Wochenwert mental	....
Wochenwert Schlaf	....

Schmerzen/Schmerzverlauf/Wert   ....
Hat sich etwas verändert? Gab es Tage der Schmerzfreiheit?

In meinem Befinden hat sich etwas verändert:

körperlich

emotional

mental

Falls ja. Welche Gründe gibt es für die Veränderung?

Ich möchte mich für die vergangene Woche besonders bedanken für:
Schau noch einmal auf deine Danksagungen. Entscheide dich für eine oder zwei Danksagungen oder schreibe etwas Neues auf, was dir einfällt:

Ich habe folgendes wirklich gut gemacht. Dafür nehme ich mich jetzt in die Arme und wertschätze mich: *Schau noch einmal auf die Tagebucheintragungen der Woche. Wähle 2 -3 Fakten aus*

Ein Ereignis hat mich besonders in meiner Alltagsroutine überrascht:
Bitte schau rückblickend auf die Frage „Überraschung"

Meine Erkenntnis aus dieser Überraschung ist....

Was mir noch wichtig ist hier einzutragen:
Brainstorming, Worte, Gedanken

Meine Essenzen/Themen der jeweiligen Tage:

Bitte trage alles, was du in Tagesessenzen aufgeschrieben hast, hier noch einmal ein:

Für mich ergibt sich ein Thema / eine Erkenntnis aus den Essenzen?

Aus dieser Erkenntnis möchte ich in den kommenden Tagen folgendes umsetzen: *To-do-Liste und wie genau umsetzen*

1. Wie war meine letzte Nacht bzw. mein Schlaf

1	2	3	4	5	5,5	6	7	8	9	10

Gibt es einen Traum/Träume? Wenn ja, welchen?

2. Mein Befinden im Verlaufe des Tages

morgens

Durchschnitt

	1	2	3	4	5	5,5	6	7	8	9	10
körperlich	1	2	3	4	5	5,5	6	7	8	9	10
emotional	1	2	3	4	5	5,5	6	7	8	9	10
mental	1	2	3	4	5	5,5	6	7	8	9	10

mittags

Durchschnitt

	1	2	3	4	5	5,5	6	7	8	9	10
körperlich	1	2	3	4	5	5,5	6	7	8	9	10
emotional	1	2	3	4	5	5,5	6	7	8	9	10
mental	1	2	3	4	5	5,5	6	7	8	9	10

abends

Durchschnitt

	1	2	3	4	5	5,5	6	7	8	9	10
körperlich	1	2	3	4	5	5,5	6	7	8	9	10
emotional	1	2	3	4	5	5,5	6	7	8	9	10
mental	1	2	3	4	5	5,5	6	7	8	9	10

Schmerzen? Wenn ja, welche, wann und wie:

Durchschnitt

	1	2	3	4	5	5,5	6	7	8	9	10
morgens	1	2	3	4	5	5,5	6	7	8	9	10
mittags	1	2	3	4	5	5,5	6	7	8	9	10
abends	1	2	3	4	5	5,5	6	7	8	9	10

Skala umgekehrt! 10 = schlimmster Schmerz

Falls Medikamente, welche sowie Dosis:

3. Meine Erlebnisse/Begegnungen? Welche waren wichtig?

Gesamtbefinden
Durchschnitt

<u>ohne</u> Schlafwert
<u>ohne</u> Schmerzw.

4. Was hat mich heute überrascht?

5. Was gibt es Gutes und Neues?

6. Was habe ich heute gut gemacht?

7. Selbstfürsorge. Wie habe ich heute für mich gesorgt? Körperlich, seelisch, mental. Damit es mir gut geht.

8. Was habe ich für mein Herz getan? Was hat mein Herz erreicht?

9. Was kann ich aus den heutigen Erfahrungen lernen? Was möchte ich in den kommenden Tagen besser machen?

10. Dank sagen. Ich bedanke mich heute für:

11. Was hält mich noch in Gedanken und/oder Gefühlen fest?

12. Was ist die Essenz dieses/meines Tages?

13. Ich lasse jetzt ganz los. Der Tag ist gelebt. Ich lese jetzt langsam:

„Der Tag ist vorbei. Der Tag ist gelebt. Ich habe heute mein Bestes gegeben. Ich konnte in meinem situativen Bewusstsein nur so handeln, wie ich gehandelt habe. Ich lasse los. Meine Gedanken, meine Gefühle, meinen Körper. Ich kann heute rückblickend nichts mehr ändern. Ich akzeptiere, wie es ist. Ich lasse los und übergebe mich dem Schlaf. Die Natur in mir arbeitet für mich weiter. Für meine Regeneration in der Nacht. Morgen ist ein neuer Tag ."

1. Wie war meine letzte Nacht bzw. mein Schlaf

1	2	3	4	5	5,5	6	7	8	9	10

Gibt es einen Traum/Träume? Wenn ja, welchen?

2. Mein Befinden im Verlaufe des Tages

Durchschnitt

morgens

	1	2	3	4	5	5,5	6	7	8	9	10
körperlich	1	2	3	4	5	5,5	6	7	8	9	10
emotional	1	2	3	4	5	5,5	6	7	8	9	10
mental	1	2	3	4	5	5,5	6	7	8	9	10

Durchschnitt

mittags

	1	2	3	4	5	5,5	6	7	8	9	10
körperlich	1	2	3	4	5	5,5	6	7	8	9	10
emotional	1	2	3	4	5	5,5	6	7	8	9	10
mental	1	2	3	4	5	5,5	6	7	8	9	10

Durchschnitt

abends

	1	2	3	4	5	5,5	6	7	8	9	10
körperlich	1	2	3	4	5	5,5	6	7	8	9	10
emotional	1	2	3	4	5	5,5	6	7	8	9	10
mental	1	2	3	4	5	5,5	6	7	8	9	10

Schmerzen? Wenn ja, welche, wann und wie:

Durchschnitt

	1	2	3	4	5	5,5	6	7	8	9	10
morgens	1	2	3	4	5	5,5	6	7	8	9	10
mittags	1	2	3	4	5	5,5	6	7	8	9	10
abends	1	2	3	4	5	5,5	6	7	8	9	10

Skala umgekehrt! 10 = schlimmster Schmerz

Falls Medikamente, welche sowie Dosis:

3. Meine Erlebnisse/Begegnungen? Welche waren wichtig?

Gesamtbefinden
Durchschnitt

ohne Schlafwert
ohne Schmerzw.

4. Was hat mich heute überrascht?

5. Was gibt es Gutes und Neues?

6. Was habe ich heute gut gemacht?

7. Selbstfürsorge. Wie habe ich heute für mich gesorgt? Körperlich, seelisch, mental. Damit es mir gut geht.

8. Was habe ich für mein Herz getan? Was hat mein Herz erreicht?

9. Was kann ich aus den heutigen Erfahrungen lernen? Was möchte ich in den kommenden Tagen besser machen?

10. Dank sagen. Ich bedanke mich heute für:

11. Was hält mich noch in Gedanken und/oder Gefühlen fest?

12. Was ist die Essenz dieses/meines Tages?

13. Ich lasse jetzt ganz los. Der Tag ist gelebt. Ich lese jetzt langsam:

„Der Tag ist vorbei. Der Tag ist gelebt. Ich habe heute mein Bestes gegeben. Ich konnte in meinem situativen Bewusstsein nur so handeln, wie ich gehandelt habe. Ich lasse los. Meine Gedanken, meine Gefühle, meinen Körper. Ich kann heute rückblickend nichts mehr ändern. Ich akzeptiere, wie es ist. Ich lasse los und übergebe mich dem Schlaf. Die Natur in mir arbeitet für mich weiter. Für meine Regeneration in der Nacht. Morgen ist ein neuer Tag."

1. Wie war meine letzte Nacht bzw. mein Schlaf

1	2	3	4	5	5,5	6	7	8	9	10

Gibt es einen Traum/Träume? Wenn ja, welchen?

2. Mein Befinden im Verlaufe des Tages

morgens

Durchschnitt

	1	2	3	4	5	5,5	6	7	8	9	10
körperlich	1	2	3	4	5	5,5	6	7	8	9	10
emotional	1	2	3	4	5	5,5	6	7	8	9	10
mental	1	2	3	4	5	5,5	6	7	8	9	10

mittags

Durchschnitt

	1	2	3	4	5	5,5	6	7	8	9	10
körperlich	1	2	3	4	5	5,5	6	7	8	9	10
emotional	1	2	3	4	5	5,5	6	7	8	9	10
mental	1	2	3	4	5	5,5	6	7	8	9	10

abends

Durchschnitt

	1	2	3	4	5	5,5	6	7	8	9	10
körperlich	1	2	3	4	5	5,5	6	7	8	9	10
emotional	1	2	3	4	5	5,5	6	7	8	9	10
mental	1	2	3	4	5	5,5	6	7	8	9	10

Schmerzen? Wenn ja, welche, wann und wie:

Durchschnitt

	1	2	3	4	5	5,5	6	7	8	9	10
morgens	1	2	3	4	5	5,5	6	7	8	9	10
mittags	1	2	3	4	5	5,5	6	7	8	9	10
abends	1	2	3	4	5	5,5	6	7	8	9	10

Skala umgekehrt! 10 = schlimmster Schmerz

Falls Medikamente, welche sowie Dosis:

3. Meine Erlebnisse/Begegnungen? Welche waren wichtig?

Gesamtbefinden
Durchschnitt

<u>ohne</u> *Schlafwert*
<u>ohne</u> *Schmerzw.*

4. Was hat mich heute überrascht?

5. Was gibt es Gutes und Neues?

6. Was habe ich heute gut gemacht?

7. Selbstfürsorge. Wie habe ich heute für mich gesorgt? Körperlich, seelisch, mental. Damit es mir gut geht.

8. Was habe ich für mein Herz getan? Was hat mein Herz erreicht?

9. Was kann ich aus den heutigen Erfahrungen lernen? Was möchte ich in den kommenden Tagen besser machen?

10. Dank sagen. Ich bedanke mich heute für:

11. Was hält mich noch in Gedanken und/oder Gefühlen fest?

12. Was ist die Essenz dieses/meines Tages?

13. Ich lasse jetzt ganz los. Der Tag ist gelebt. Ich lese jetzt langsam:

„Der Tag ist vorbei. Der Tag ist gelebt. Ich habe heute mein Bestes gegeben. Ich konnte in meinem situativen Bewusstsein nur so handeln, wie ich gehandelt habe. Ich lasse los. Meine Gedanken, meine Gefühle, meinen Körper. Ich kann heute rückblickend nichts mehr ändern. Ich akzeptiere, wie es ist. Ich lasse los und übergebe mich dem Schlaf. Die Natur in mir arbeitet für mich weiter. Für meine Regeneration in der Nacht. Morgen ist ein neuer Tag .“

1. Wie war meine letzte Nacht bzw. mein Schlaf

1	2	3	4	5	5,5	6	7	8	9	10

Gibt es einen Traum/Träume? Wenn ja, welchen?

2. Mein Befinden im Verlaufe des Tages

morgens

Durchschnitt

	1	2	3	4	5	5,5	6	7	8	9	10
körperlich	1	2	3	4	5	5,5	6	7	8	9	10
emotional	1	2	3	4	5	5,5	6	7	8	9	10
mental	1	2	3	4	5	5,5	6	7	8	9	10

mittags

Durchschnitt

	1	2	3	4	5	5,5	6	7	8	9	10
körperlich	1	2	3	4	5	5,5	6	7	8	9	10
emotional	1	2	3	4	5	5,5	6	7	8	9	10
mental	1	2	3	4	5	5,5	6	7	8	9	10

abends

Durchschnitt

	1	2	3	4	5	5,5	6	7	8	9	10
körperlich	1	2	3	4	5	5,5	6	7	8	9	10
emotional	1	2	3	4	5	5,5	6	7	8	9	10
mental	1	2	3	4	5	5,5	6	7	8	9	10

Schmerzen? Wenn ja, welche, wann und wie:

Durchschnitt

	1	2	3	4	5	5,5	6	7	8	9	10
morgens	1	2	3	4	5	5,5	6	7	8	9	10
mittags	1	2	3	4	5	5,5	6	7	8	9	10
abends	1	2	3	4	5	5,5	6	7	8	9	10

Skala umgekehrt! 10 = schlimmster Schmerz

Falls Medikamente, welche sowie Dosis:

3. Meine Erlebnisse/Begegnungen? Welche waren wichtig?

Gesamtbefinden
Durchschnitt

ohne Schlafwert
ohne Schmerzw.

4. Was hat mich heute überrascht?

5. Was gibt es Gutes und Neues?

6. Was habe ich heute gut gemacht?

7. Selbstfürsorge. Wie habe ich heute für mich gesorgt? Körperlich, seelisch, mental. Damit es mir gut geht.

8. Was habe ich für mein Herz getan? Was hat mein Herz erreicht?

9. Was kann ich aus den heutigen Erfahrungen lernen? Was möchte ich in den kommenden Tagen besser machen?

10. Dank sagen. Ich bedanke mich heute für:

11. Was hält mich noch in Gedanken und/oder Gefühlen fest?

12. Was ist die Essenz dieses/meines Tages?

13. Ich lasse jetzt ganz los. Der Tag ist gelebt. Ich lese jetzt langsam:

„Der Tag ist vorbei. Der Tag ist gelebt. Ich habe heute mein Bestes gegeben. Ich konnte in meinem situativen Bewusstsein nur so handeln, wie ich gehandelt habe. Ich lasse los. Meine Gedanken, meine Gefühle, meinen Körper. Ich kann heute rückblickend nichts mehr ändern. Ich akzeptiere, wie es ist. Ich lasse los und übergebe mich dem Schlaf. Die Natur in mir arbeitet für mich weiter. Für meine Regeneration in der Nacht. Morgen ist ein neuer Tag ."

1. Wie war meine letzte Nacht bzw. mein Schlaf

1	2	3	4	5	5,5	6	7	8	9	10

Gibt es einen Traum/Träume? Wenn ja, welchen?

2. Mein Befinden im Verlaufe des Tages

Durchschnitt

morgens

	1	2	3	4	5	5,5	6	7	8	9	10
körperlich	1	2	3	4	5	5,5	6	7	8	9	10
emotional	1	2	3	4	5	5,5	6	7	8	9	10
mental	1	2	3	4	5	5,5	6	7	8	9	10

Durchschnitt

mittags

	1	2	3	4	5	5,5	6	7	8	9	10
körperlich	1	2	3	4	5	5,5	6	7	8	9	10
emotional	1	2	3	4	5	5,5	6	7	8	9	10
mental	1	2	3	4	5	5,5	6	7	8	9	10

Durchschnitt

abends

	1	2	3	4	5	5,5	6	7	8	9	10
körperlich	1	2	3	4	5	5,5	6	7	8	9	10
emotional	1	2	3	4	5	5,5	6	7	8	9	10
mental	1	2	3	4	5	5,5	6	7	8	9	10

Schmerzen? Wenn ja, welche, wann und wie:

Durchschnitt

	1	2	3	4	5	5,5	6	7	8	9	10
morgens	1	2	3	4	5	5,5	6	7	8	9	10
mittags	1	2	3	4	5	5,5	6	7	8	9	10
abends	1	2	3	4	5	5,5	6	7	8	9	10

Skala umgekehrt! 10 = schlimmster Schmerz

Falls Medikamente, welche sowie Dosis:

3. Meine Erlebnisse/Begegnungen? Welche waren wichtig?

Gesamtbefinden
Durchschnitt

<u>ohne</u> *Schlafwert*
<u>ohne</u> *Schmerzw.*

4. Was hat mich heute überrascht?

5. Was gibt es Gutes und Neues?

6. Was habe ich heute gut gemacht?

7. Selbstfürsorge. Wie habe ich heute für mich gesorgt? Körperlich, seelisch, mental. Damit es mir gut geht.

8. Was habe ich für mein Herz getan? Was hat mein Herz erreicht?

9. Was kann ich aus den heutigen Erfahrungen lernen? Was möchte ich in den kommenden Tagen besser machen?

10. Dank sagen. Ich bedanke mich heute für:

11. Was hält mich noch in Gedanken und/oder Gefühlen fest?

12. Was ist die Essenz dieses/meines Tages?

13. Ich lasse jetzt ganz los. Der Tag ist gelebt. Ich lese jetzt langsam:

„Der Tag ist vorbei. Der Tag ist gelebt. Ich habe heute mein Bestes gegeben. Ich konnte in meinem situativen Bewusstsein nur so handeln, wie ich gehandelt habe. Ich lasse los. Meine Gedanken, meine Gefühle, meinen Körper. Ich kann heute rückblickend nichts mehr ändern. Ich akzeptiere, wie es ist. Ich lasse los und übergebe mich dem Schlaf. Die Natur in mir arbeitet für mich weiter. Für meine Regeneration in der Nacht. Morgen ist ein neuer Tag ."

1. Wie war meine letzte Nacht bzw. mein Schlaf

1	2	3	4	5	5,5	6	7	8	9	10

Gibt es einen Traum/Träume? Wenn ja, welchen?

2. Mein Befinden im Verlaufe des Tages

Durchschnitt

morgens

	1	2	3	4	5	5,5	6	7	8	9	10
körperlich	1	2	3	4	5	5,5	6	7	8	9	10
emotional	1	2	3	4	5	5,5	6	7	8	9	10
mental	1	2	3	4	5	5,5	6	7	8	9	10

Durchschnitt

mittags

	1	2	3	4	5	5,5	6	7	8	9	10
körperlich	1	2	3	4	5	5,5	6	7	8	9	10
emotional	1	2	3	4	5	5,5	6	7	8	9	10
mental	1	2	3	4	5	5,5	6	7	8	9	10

Durchschnitt

abends

	1	2	3	4	5	5,5	6	7	8	9	10
körperlich	1	2	3	4	5	5,5	6	7	8	9	10
emotional	1	2	3	4	5	5,5	6	7	8	9	10
mental	1	2	3	4	5	5,5	6	7	8	9	10

Schmerzen? Wenn ja, welche, wann und wie:

Durchschnitt

	1	2	3	4	5	5,5	6	7	8	9	10
morgens	1	2	3	4	5	5,5	6	7	8	9	10
mittags	1	2	3	4	5	5,5	6	7	8	9	10
abends	1	2	3	4	5	5,5	6	7	8	9	10

Skala umgekehrt! 10 = schlimmster Schmerz

Falls Medikamente, welche sowie Dosis:

3. Meine Erlebnisse/Begegnungen? Welche waren wichtig?

Gesamtbefinden
Durchschnitt

<u>ohne</u> *Schlafwert*
<u>ohne</u> *Schmerzw.*

4. Was hat mich heute überrascht?

5. Was gibt es Gutes und Neues?

6. Was habe ich heute gut gemacht?

7. Selbstfürsorge. Wie habe ich heute für mich gesorgt? Körperlich, seelisch, mental. Damit es mir gut geht.

8. Was habe ich für mein Herz getan? Was hat mein Herz erreicht?

9. Was kann ich aus den heutigen Erfahrungen lernen? Was möchte ich in den kommenden Tagen besser machen?

10. Dank sagen. Ich bedanke mich heute für:

11. Was hält mich noch in Gedanken und/oder Gefühlen fest?

12. Was ist die Essenz dieses/meines Tages?

13. Ich lasse jetzt ganz los. Der Tag ist gelebt. Ich lese jetzt langsam:

„Der Tag ist vorbei. Der Tag ist gelebt. Ich habe heute mein Bestes gegeben. Ich konnte in meinem situativen Bewusstsein nur so handeln, wie ich gehandelt habe. Ich lasse los. Meine Gedanken, meine Gefühle, meinen Körper. Ich kann heute rückblickend nichts mehr ändern. Ich akzeptiere, wie es ist. Ich lasse los und übergebe mich dem Schlaf. Die Natur in mir arbeitet für mich weiter. Für meine Regeneration in der Nacht. Morgen ist ein neuer Tag ."

1. Wie war meine letzte Nacht bzw. mein Schlaf

1	2	3	4	5	5,5	6	7	8	9	10

Gibt es einen Traum/Träume? Wenn ja, welchen?

2. Mein Befinden im Verlaufe des Tages

morgens

Durchschnitt

	1	2	3	4	5	5,5	6	7	8	9	10
körperlich	1	2	3	4	5	5,5	6	7	8	9	10
emotional	1	2	3	4	5	5,5	6	7	8	9	10
mental	1	2	3	4	5	5,5	6	7	8	9	10

mittags

Durchschnitt

	1	2	3	4	5	5,5	6	7	8	9	10
körperlich	1	2	3	4	5	5,5	6	7	8	9	10
emotional	1	2	3	4	5	5,5	6	7	8	9	10
mental	1	2	3	4	5	5,5	6	7	8	9	10

abends

Durchschnitt

	1	2	3	4	5	5,5	6	7	8	9	10
körperlich	1	2	3	4	5	5,5	6	7	8	9	10
emotional	1	2	3	4	5	5,5	6	7	8	9	10
mental	1	2	3	4	5	5,5	6	7	8	9	10

Schmerzen? Wenn ja, welche, wann und wie:

Durchschnitt

	1	2	3	4	5	5,5	6	7	8	9	10
morgens	1	2	3	4	5	5,5	6	7	8	9	10
mittags	1	2	3	4	5	5,5	6	7	8	9	10
abends	1	2	3	4	5	5,5	6	7	8	9	10

Skala umgekehrt! 10 = schlimmster Schmerz

Falls Medikamente, welche sowie Dosis:

3. Meine Erlebnisse/Begegnungen? Welche waren wichtig?

Gesamtbefinden
Durchschnitt

<u>ohne</u> Schlafwert
<u>ohne</u> Schmerzw.

4. Was hat mich heute überrascht?

5. Was gibt es Gutes und Neues?

6. Was habe ich heute gut gemacht?

7. Selbstfürsorge. Wie habe ich heute für mich gesorgt? Körperlich, seelisch, mental. Damit es mir gut geht.

8. Was habe ich für mein Herz getan? Was hat mein Herz erreicht?

9. Was kann ich aus den heutigen Erfahrungen lernen? Was möchte ich in den kommenden Tagen besser machen?

10. Dank sagen. Ich bedanke mich heute für:

11. Was hält mich noch in Gedanken und/oder Gefühlen fest?

12. Was ist die Essenz dieses/meines Tages?

13. Ich lasse jetzt ganz los. Der Tag ist gelebt. Ich lese jetzt langsam:

„Der Tag ist vorbei. Der Tag ist gelebt. Ich habe heute mein Bestes gegeben. Ich konnte in meinem situativen Bewusstsein nur so handeln, wie ich gehandelt habe. Ich lasse los. Meine Gedanken, meine Gefühle, meinen Körper. Ich kann heute rückblickend nichts mehr ändern. Ich akzeptiere, wie es ist. Ich lasse los und übergebe mich dem Schlaf. Die Natur in mir arbeitet für mich weiter. Für meine Regeneration in der Nacht. Morgen ist ein neuer Tag .“

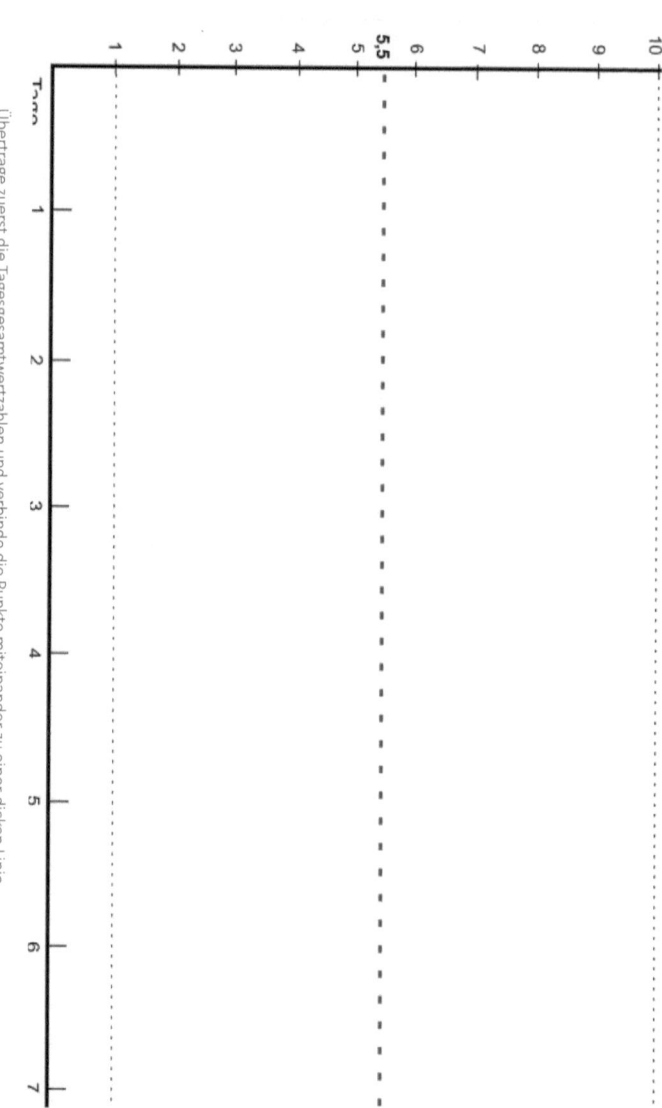

Übertrage zuerst die Tagesgesamtwertzahlen und verbinde die Punkte miteinander zu einer dicken Linie.

Trage anschließend die weiteren Werte für körperliches, emotionales, mentales Befinden sowie Schlafbefinden ein und verbinde sie ebenso zu Kurven – am besten mit verschiedenen Farbstiften oder zur Unterscheidung kenntlichen Markierungen. Die Mittelwert ist 5,5. Liegt deine Kurve insgesamt über dieser Linie oder unter der Linie?

Gesamtdurchschnittswert der Woche für die Übungen:

Tageswerte addieren – durch 7 teilen oder der faktisch absolvierten Übungstage

Wochengesamtwert

ohne Schlafwert und ohne Schmerzwert

Wochenwert körperlich   ....

Wochenwert emotional   ....

Wochenwert mental   ....

Wochenwert Schlaf   ....

Schmerzen/Schmerzverlauf/Wert   ....
Hat sich etwas verändert? Gab es Tage der Schmerzfreiheit?

In meinem Befinden hat sich etwas verändert:

körperlich

emotional

mental

Falls ja. Welche Gründe gibt es für die Veränderung?

Ich möchte mich für die vergangene Woche besonders bedanken für:
Schau noch einmal auf deine Danksagungen. Entscheide dich für eine oder zwei Danksagungen oder schreibe etwas Neues auf, was dir einfällt:

Ich habe folgendes wirklich gut gemacht. Dafür nehme ich mich jetzt in die Arme und wertschätze mich: *Schau noch einmal auf die Tagebucheintragungen der Woche. Wähle 2 -3 Fakten aus*

Ein Ereignis hat mich besonders in meiner Alltagsroutine überrascht:
Bitte schau rückblickend auf die Frage „Überraschung"

Meine Erkenntnis aus dieser Überraschung ist....

Was mir noch wichtig ist hier einzutragen:
Brainstorming, Worte, Gedanken

Meine Essenzen/Themen der jeweiligen Tage:

Bitte trage alles, was du in Tagesessenzen aufgeschrieben hast, hier noch einmal ein:

Für mich ergibt sich ein Thema / eine Erkenntnis aus den Essenzen?

Aus dieser Erkenntnis möchte ich in den kommenden Tagen folgendes umsetzen: *To-do-Liste und wie genau umsetzen*

1. Wie war meine letzte Nacht bzw. mein Schlaf

1	2	3	4	5	5,5	6	7	8	9	10

Gibt es einen Traum/Träume? Wenn ja, welchen?

2. Mein Befinden im Verlaufe des Tages

Durchschnitt

morgens

	1	2	3	4	5	5,5	6	7	8	9	10
körperlich	1	2	3	4	5	5,5	6	7	8	9	10
emotional	1	2	3	4	5	5,5	6	7	8	9	10
mental	1	2	3	4	5	5,5	6	7	8	9	10

Durchschnitt

mittags

	1	2	3	4	5	5,5	6	7	8	9	10
körperlich	1	2	3	4	5	5,5	6	7	8	9	10
emotional	1	2	3	4	5	5,5	6	7	8	9	10
mental	1	2	3	4	5	5,5	6	7	8	9	10

Durchschnitt

abends

	1	2	3	4	5	5,5	6	7	8	9	10
körperlich	1	2	3	4	5	5,5	6	7	8	9	10
emotional	1	2	3	4	5	5,5	6	7	8	9	10
mental	1	2	3	4	5	5,5	6	7	8	9	10

Schmerzen? Wenn ja, welche, wann und wie:

Durchschnitt

	1	2	3	4	5	5,5	6	7	8	9	10
morgens	1	2	3	4	5	5,5	6	7	8	9	10
mittags	1	2	3	4	5	5,5	6	7	8	9	10
abends	1	2	3	4	5	5,5	6	7	8	9	10

Skala umgekehrt! 10 = schlimmster Schmerz

Falls Medikamente, welche sowie Dosis:

3. Meine Erlebnisse/Begegnungen? Welche waren wichtig?

Gesamtbefinden
Durchschnitt

<u>ohne</u> *Schlafwert*
<u>ohne</u> *Schmerzw.*

4. Was hat mich heute überrascht?

5. Was gibt es Gutes und Neues?

6. Was habe ich heute gut gemacht?

7. Selbstfürsorge. Wie habe ich heute für mich gesorgt? Körperlich, seelisch, mental. Damit es mir gut geht.

8. Was habe ich für mein Herz getan? Was hat mein Herz erreicht?

9. Was kann ich aus den heutigen Erfahrungen lernen? Was möchte ich in den kommenden Tagen besser machen?

10. Dank sagen. Ich bedanke mich heute für:

11. Was hält mich noch in Gedanken und/oder Gefühlen fest?

12. Was ist die Essenz dieses/meines Tages?

13. Ich lasse jetzt ganz los. Der Tag ist gelebt. Ich lese jetzt langsam:

„Der Tag ist vorbei. Der Tag ist gelebt. Ich habe heute mein Bestes gegeben. Ich konnte in meinem situativen Bewusstsein nur so handeln, wie ich gehandelt habe. Ich lasse los. Meine Gedanken, meine Gefühle, meinen Körper. Ich kann heute rückblickend nichts mehr ändern. Ich akzeptiere, wie es ist. Ich lasse los und übergebe mich dem Schlaf. Die Natur in mir arbeitet für mich weiter. Für meine Regeneration in der Nacht. Morgen ist ein neuer Tag .“

1. Wie war meine letzte Nacht bzw. mein Schlaf

1	2	3	4	5	5,5	6	7	8	9	10

Gibt es einen Traum/Träume? Wenn ja, welchen?

2. Mein Befinden im Verlaufe des Tages

morgens

Durchschnitt

	1	2	3	4	5	5,5	6	7	8	9	10
körperlich	1	2	3	4	5	5,5	6	7	8	9	10
emotional	1	2	3	4	5	5,5	6	7	8	9	10
mental	1	2	3	4	5	5,5	6	7	8	9	10

mittags

Durchschnitt

	1	2	3	4	5	5,5	6	7	8	9	10
körperlich	1	2	3	4	5	5,5	6	7	8	9	10
emotional	1	2	3	4	5	5,5	6	7	8	9	10
mental	1	2	3	4	5	5,5	6	7	8	9	10

abends

Durchschnitt

	1	2	3	4	5	5,5	6	7	8	9	10
körperlich	1	2	3	4	5	5,5	6	7	8	9	10
emotional	1	2	3	4	5	5,5	6	7	8	9	10
mental	1	2	3	4	5	5,5	6	7	8	9	10

Schmerzen? Wenn ja, welche, wann und wie:

Durchschnitt

	1	2	3	4	5	5,5	6	7	8	9	10
morgens	1	2	3	4	5	5,5	6	7	8	9	10
mittags	1	2	3	4	5	5,5	6	7	8	9	10
abends	1	2	3	4	5	5,5	6	7	8	9	10

Skala umgekehrt! 10 = schlimmster Schmerz

Falls Medikamente, welche sowie Dosis:

3. Meine Erlebnisse/Begegnungen? Welche waren wichtig?

Gesamtbefinden
Durchschnitt

ohne Schlafwert
ohne Schmerzw.

4. Was hat mich heute überrascht?

5. Was gibt es Gutes und Neues?

6. Was habe ich heute gut gemacht?

7. Selbstfürsorge. Wie habe ich heute für mich gesorgt? Körperlich, seelisch, mental. Damit es mir gut geht.

8. Was habe ich für mein Herz getan? Was hat mein Herz erreicht?

9. Was kann ich aus den heutigen Erfahrungen lernen? Was möchte ich in den kommenden Tagen besser machen?

10. Dank sagen. Ich bedanke mich heute für:

11. Was hält mich noch in Gedanken und/oder Gefühlen fest?

12. Was ist die Essenz dieses/meines Tages?

┌───┐
│   │
│   │
│   │
└───┘

13. Ich lasse jetzt ganz los. Der Tag ist gelebt. Ich lese jetzt langsam:

„Der Tag ist vorbei. Der Tag ist gelebt. Ich habe heute mein Bestes gegeben. Ich konnte in meinem situativen Bewusstsein nur so handeln, wie ich gehandelt habe. Ich lasse los. Meine Gedanken, meine Gefühle, meinen Körper. Ich kann heute rückblickend nichts mehr ändern. Ich akzeptiere, wie es ist. Ich lasse los und übergebe mich dem Schlaf. Die Natur in mir arbeitet für mich weiter. Für meine Regeneration in der Nacht. Morgen ist ein neuer Tag ."

1. Wie war meine letzte Nacht bzw. mein Schlaf

1	2	3	4	5	5,5	6	7	8	9	10

Gibt es einen Traum/Träume? Wenn ja, welchen?

2. Mein Befinden im Verlaufe des Tages

morgens

Durchschnitt

	1	2	3	4	5	5,5	6	7	8	9	10
körperlich	1	2	3	4	5	5,5	6	7	8	9	10
emotional	1	2	3	4	5	5,5	6	7	8	9	10
mental	1	2	3	4	5	5,5	6	7	8	9	10

mittags

Durchschnitt

	1	2	3	4	5	5,5	6	7	8	9	10
körperlich	1	2	3	4	5	5,5	6	7	8	9	10
emotional	1	2	3	4	5	5,5	6	7	8	9	10
mental	1	2	3	4	5	5,5	6	7	8	9	10

abends

Durchschnitt

	1	2	3	4	5	5,5	6	7	8	9	10
körperlich	1	2	3	4	5	5,5	6	7	8	9	10
emotional	1	2	3	4	5	5,5	6	7	8	9	10
mental	1	2	3	4	5	5,5	6	7	8	9	10

Schmerzen? Wenn ja, welche, wann und wie:

Durchschnitt

	1	2	3	4	5	5,5	6	7	8	9	10
morgens	1	2	3	4	5	5,5	6	7	8	9	10
mittags	1	2	3	4	5	5,5	6	7	8	9	10
abends	1	2	3	4	5	5,5	6	7	8	9	10

Skala umgekehrt! 10 = schlimmster Schmerz

Falls Medikamente, welche sowie Dosis:

3. Meine Erlebnisse/Begegnungen? Welche waren wichtig?

Gesamtbefinden
Durchschnitt

<u>ohne</u> Schlafwert
<u>ohne</u> Schmerzw.

4. Was hat mich heute überrascht?

5. Was gibt es Gutes und Neues?

6. Was habe ich heute gut gemacht?

7. Selbstfürsorge. Wie habe ich heute für mich gesorgt? Körperlich, seelisch, mental. Damit es mir gut geht.

8. Was habe ich für mein Herz getan? Was hat mein Herz erreicht?

9. Was kann ich aus den heutigen Erfahrungen lernen? Was möchte ich in den kommenden Tagen besser machen?

10. Dank sagen. Ich bedanke mich heute für:

11. Was hält mich noch in Gedanken und/oder Gefühlen fest?

12. Was ist die Essenz dieses/meines Tages?

13. Ich lasse jetzt ganz los. Der Tag ist gelebt. Ich lese jetzt langsam:

„Der Tag ist vorbei. Der Tag ist gelebt. Ich habe heute mein Bestes gegeben. Ich konnte in meinem situativen Bewusstsein nur so handeln, wie ich gehandelt habe. Ich lasse los. Meine Gedanken, meine Gefühle, meinen Körper. Ich kann heute rückblickend nichts mehr ändern. Ich akzeptiere, wie es ist. Ich lasse los und übergebe mich dem Schlaf. Die Natur in mir arbeitet für mich weiter. Für meine Regeneration in der Nacht. Morgen ist ein neuer Tag."

1. Wie war meine letzte Nacht bzw. mein Schlaf

1	2	3	4	5	5,5	6	7	8	9	10

Gibt es einen Traum/Träume? Wenn ja, welchen?

2. Mein Befinden im Verlaufe des Tages

morgens

Durchschnitt

	1	2	3	4	5	5,5	6	7	8	9	10
körperlich	1	2	3	4	5	5,5	6	7	8	9	10
emotional	1	2	3	4	5	5,5	6	7	8	9	10
mental	1	2	3	4	5	5,5	6	7	8	9	10

mittags

Durchschnitt

	1	2	3	4	5	5,5	6	7	8	9	10
körperlich	1	2	3	4	5	5,5	6	7	8	9	10
emotional	1	2	3	4	5	5,5	6	7	8	9	10
mental	1	2	3	4	5	5,5	6	7	8	9	10

abends

Durchschnitt

	1	2	3	4	5	5,5	6	7	8	9	10
körperlich	1	2	3	4	5	5,5	6	7	8	9	10
emotional	1	2	3	4	5	5,5	6	7	8	9	10
mental	1	2	3	4	5	5,5	6	7	8	9	10

Schmerzen? Wenn ja, welche, wann und wie:

Durchschnitt

	1	2	3	4	5	5,5	6	7	8	9	10
morgens	1	2	3	4	5	5,5	6	7	8	9	10
mittags	1	2	3	4	5	5,5	6	7	8	9	10
abends	1	2	3	4	5	5,5	6	7	8	9	10

Skala umgekehrt! 10 = schlimmster Schmerz

Falls Medikamente, welche sowie Dosis:

3. Meine Erlebnisse/Begegnungen? Welche waren wichtig?

Gesamtbefinden
Durchschnitt

<u>ohne</u> *Schlafwert*
<u>ohne</u> *Schmerzw.*

4. Was hat mich heute überrascht?

5. Was gibt es Gutes und Neues?

6. Was habe ich heute gut gemacht?

7. Selbstfürsorge. Wie habe ich heute für mich gesorgt? Körperlich, seelisch, mental. Damit es mir gut geht.

8. Was habe ich für mein Herz getan? Was hat mein Herz erreicht?

9. Was kann ich aus den heutigen Erfahrungen lernen? Was möchte ich in den kommenden Tagen besser machen?

10. Dank sagen. Ich bedanke mich heute für:

11. Was hält mich noch in Gedanken und/oder Gefühlen fest?

12. Was ist die Essenz dieses/meines Tages?

13. Ich lasse jetzt ganz los. Der Tag ist gelebt. Ich lese jetzt langsam:

„Der Tag ist vorbei. Der Tag ist gelebt. Ich habe heute mein Bestes gegeben. Ich konnte in meinem situativen Bewusstsein nur so handeln, wie ich gehandelt habe. Ich lasse los. Meine Gedanken, meine Gefühle, meinen Körper. Ich kann heute rückblickend nichts mehr ändern. Ich akzeptiere, wie es ist. Ich lasse los und übergebe mich dem Schlaf. Die Natur in mir arbeitet für mich weiter. Für meine Regeneration in der Nacht. Morgen ist ein neuer Tag ."

1. Wie war meine letzte Nacht bzw. mein Schlaf

1	2	3	4	5	5,5	6	7	8	9	10

Gibt es einen Traum/Träume? Wenn ja, welchen?

2. Mein Befinden im Verlaufe des Tages

Durchschnitt

morgens

	1	2	3	4	5	5,5	6	7	8	9	10
körperlich	1	2	3	4	5	5,5	6	7	8	9	10
emotional	1	2	3	4	5	5,5	6	7	8	9	10
mental	1	2	3	4	5	5,5	6	7	8	9	10

Durchschnitt

mittags

	1	2	3	4	5	5,5	6	7	8	9	10
körperlich	1	2	3	4	5	5,5	6	7	8	9	10
emotional	1	2	3	4	5	5,5	6	7	8	9	10
mental	1	2	3	4	5	5,5	6	7	8	9	10

Durchschnitt

abends

	1	2	3	4	5	5,5	6	7	8	9	10
körperlich	1	2	3	4	5	5,5	6	7	8	9	10
emotional	1	2	3	4	5	5,5	6	7	8	9	10
mental	1	2	3	4	5	5,5	6	7	8	9	10

Schmerzen? Wenn ja, welche, wann und wie:

Durchschnitt

	1	2	3	4	5	5,5	6	7	8	9	10
morgens	1	2	3	4	5	5,5	6	7	8	9	10
mittags	1	2	3	4	5	5,5	6	7	8	9	10
abends	1	2	3	4	5	5,5	6	7	8	9	10

Skala umgekehrt! 10 = schlimmster Schmerz

Falls Medikamente, welche sowie Dosis:

3. Meine Erlebnisse/Begegnungen? Welche waren wichtig?

Gesamtbefinden
Durchschnitt

<u>ohne</u> Schlafwert
<u>ohne</u> Schmerzw.

4. Was hat mich heute überrascht?

5. Was gibt es Gutes und Neues?

6. Was habe ich heute gut gemacht?

7. Selbstfürsorge. Wie habe ich heute für mich gesorgt? Körperlich, seelisch, mental. Damit es mir gut geht.

8. Was habe ich für mein Herz getan? Was hat mein Herz erreicht?

9. Was kann ich aus den heutigen Erfahrungen lernen? Was möchte ich in den kommenden Tagen besser machen?

10. Dank sagen. Ich bedanke mich heute für:

11. Was hält mich noch in Gedanken und/oder Gefühlen fest?

12. Was ist die Essenz dieses/meines Tages?

13. Ich lasse jetzt ganz los. Der Tag ist gelebt. Ich lese jetzt langsam:

„Der Tag ist vorbei. Der Tag ist gelebt. Ich habe heute mein Bestes gegeben. Ich konnte in meinem situativen Bewusstsein nur so handeln, wie ich gehandelt habe. Ich lasse los. Meine Gedanken, meine Gefühle, meinen Körper. Ich kann heute rückblickend nichts mehr ändern. Ich akzeptiere, wie es ist. Ich lasse los und übergebe mich dem Schlaf. Die Natur in mir arbeitet für mich weiter. Für meine Regeneration in der Nacht. Morgen ist ein neuer Tag."

1. Wie war meine letzte Nacht bzw. mein Schlaf

1	2	3	4	5	5,5	6	7	8	9	10

Gibt es einen Traum/Träume? Wenn ja, welchen?

2. Mein Befinden im Verlaufe des Tages

morgens

Durchschnitt

körperlich	1	2	3	4	5	5,5	6	7	8	9	10
emotional	1	2	3	4	5	5,5	6	7	8	9	10
mental	1	2	3	4	5	5,5	6	7	8	9	10

mittags

Durchschnitt

körperlich	1	2	3	4	5	5,5	6	7	8	9	10
emotional	1	2	3	4	5	5,5	6	7	8	9	10
mental	1	2	3	4	5	5,5	6	7	8	9	10

abends

Durchschnitt

körperlich	1	2	3	4	5	5,5	6	7	8	9	10
emotional	1	2	3	4	5	5,5	6	7	8	9	10
mental	1	2	3	4	5	5,5	6	7	8	9	10

Schmerzen? Wenn ja, welche, wann und wie:

Durchschnitt

morgens	1	2	3	4	5	5,5	6	7	8	9	10
mittags	1	2	3	4	5	5,5	6	7	8	9	10
abends	1	2	3	4	5	5,5	6	7	8	9	10

Skala umgekehrt! 10 = schlimmster Schmerz

Falls Medikamente, welche sowie Dosis:

3. Meine Erlebnisse/Begegnungen? Welche waren wichtig?

Gesamtbefinden
Durchschnitt

ohne Schlafwert
ohne Schmerzw.

4. Was hat mich heute überrascht?

5. Was gibt es Gutes und Neues?

6. Was habe ich heute gut gemacht?

7. Selbstfürsorge. Wie habe ich heute für mich gesorgt? Körperlich, seelisch, mental. Damit es mir gut geht.

8. Was habe ich für mein Herz getan? Was hat mein Herz erreicht?

9. Was kann ich aus den heutigen Erfahrungen lernen? Was möchte ich in den kommenden Tagen besser machen?

10. Dank sagen. Ich bedanke mich heute für:

11. Was hält mich noch in Gedanken und/oder Gefühlen fest?

12. Was ist die Essenz dieses/meines Tages?

13. Ich lasse jetzt ganz los. Der Tag ist gelebt. Ich lese jetzt langsam:

„Der Tag ist vorbei. Der Tag ist gelebt. Ich habe heute mein Bestes gegeben. Ich konnte in meinem situativen Bewusstsein nur so handeln, wie ich gehandelt habe. Ich lasse los. Meine Gedanken, meine Gefühle, meinen Körper. Ich kann heute rückblickend nichts mehr ändern. Ich akzeptiere, wie es ist. Ich lasse los und übergebe mich dem Schlaf. Die Natur in mir arbeitet für mich weiter. Für meine Regeneration in der Nacht. Morgen ist ein neuer Tag ."

1. Wie war meine letzte Nacht bzw. mein Schlaf

1	2	3	4	5	5,5	6	7	8	9	10

Gibt es einen Traum/Träume? Wenn ja, welchen?

2. Mein Befinden im Verlaufe des Tages

morgens

Durchschnitt

	1	2	3	4	5	5,5	6	7	8	9	10
körperlich	1	2	3	4	5	5,5	6	7	8	9	10
emotional	1	2	3	4	5	5,5	6	7	8	9	10
mental	1	2	3	4	5	5,5	6	7	8	9	10

mittags

Durchschnitt

	1	2	3	4	5	5,5	6	7	8	9	10
körperlich	1	2	3	4	5	5,5	6	7	8	9	10
emotional	1	2	3	4	5	5,5	6	7	8	9	10
mental	1	2	3	4	5	5,5	6	7	8	9	10

abends

Durchschnitt

	1	2	3	4	5	5,5	6	7	8	9	10
körperlich	1	2	3	4	5	5,5	6	7	8	9	10
emotional	1	2	3	4	5	5,5	6	7	8	9	10
mental	1	2	3	4	5	5,5	6	7	8	9	10

Schmerzen? Wenn ja, welche, wann und wie:

Durchschnitt

	1	2	3	4	5	5,5	6	7	8	9	10
morgens	1	2	3	4	5	5,5	6	7	8	9	10
mittags	1	2	3	4	5	5,5	6	7	8	9	10
abends	1	2	3	4	5	5,5	6	7	8	9	10

Skala umgekehrt! 10 = schlimmster Schmerz

Falls Medikamente, welche sowie Dosis:

3. Meine Erlebnisse/Begegnungen? Welche waren wichtig?

Gesamtbefinden
Durchschnitt

<u>ohne</u> *Schlafwert*
<u>ohne</u> *Schmerzw.*

4. Was hat mich heute überrascht?

5. Was gibt es Gutes und Neues?

6. Was habe ich heute gut gemacht?

7. Selbstfürsorge. Wie habe ich heute für mich gesorgt? Körperlich, seelisch, mental. Damit es mir gut geht.

8. Was habe ich für mein Herz getan? Was hat mein Herz erreicht?

9. Was kann ich aus den heutigen Erfahrungen lernen? Was möchte ich in den kommenden Tagen besser machen?

10. Dank sagen. Ich bedanke mich heute für:

11. Was hält mich noch in Gedanken und/oder Gefühlen fest?

12. Was ist die Essenz dieses/meines Tages?

```

```

13. Ich lasse jetzt ganz los. Der Tag ist gelebt. Ich lese jetzt langsam:

„Der Tag ist vorbei. Der Tag ist gelebt. Ich habe heute mein Bestes gegeben. Ich konnte in meinem situativen Bewusstsein nur so handeln, wie ich gehandelt habe. Ich lasse los. Meine Gedanken, meine Gefühle, meinen Körper. Ich kann heute rückblickend nichts mehr ändern. Ich akzeptiere, wie es ist. Ich lasse los und übergebe mich dem Schlaf. Die Natur in mir arbeitet für mich weiter. Für meine Regeneration in der Nacht. Morgen ist ein neuer Tag ."

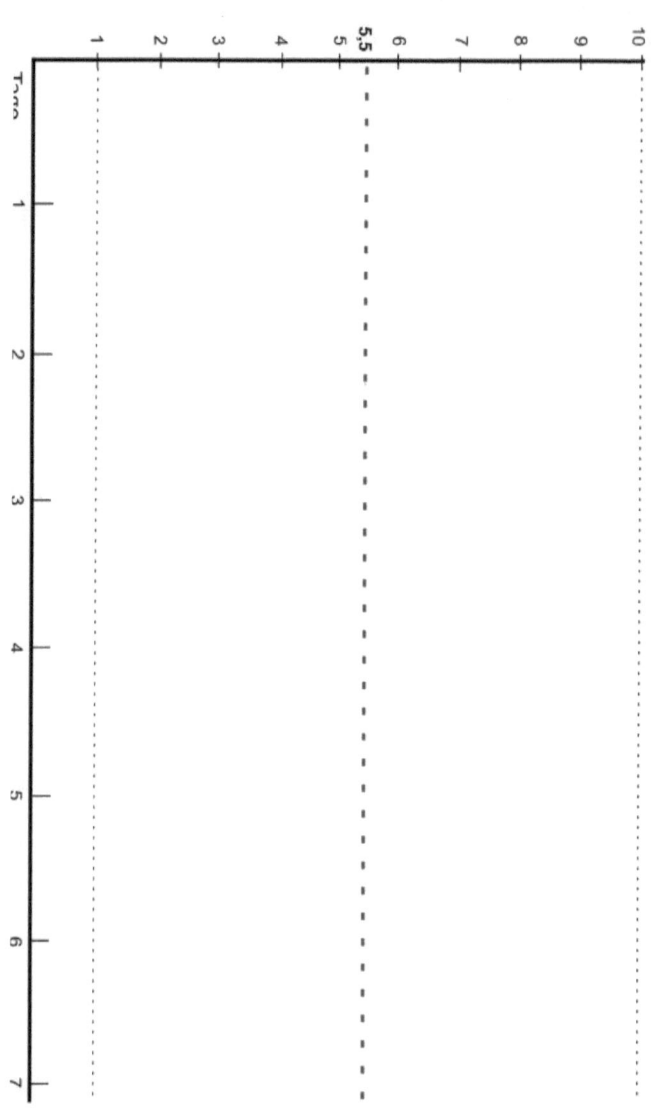

Übertrage zuerst die Tagesgesamtwertzahlen und verbinde die Punkte miteinander zu einer dicken Linie.

Trage anschließend die weiteren Werte für körperliches, emotionales, mentales Befinden sowie Schlafbefinden ein und verbinde sie ebenso zu Kurven – am besten mit verschiedenen Farbstiften oder zur Unterscheidung kenntlichen Markierungen. Die Mittelwert ist 5,5. Liegt deine Kurve insgesamt über dieser Linie oder unter der Linie?

Aus dem Buch „THE WAY Dein Tag Dein Leben"

Gesamtdurchschnittswert der Woche für die Übungen:

Tageswerte addieren – durch 7 teilen oder der faktisch absolvierten Übungstage

Wochengesamtwert

ohne Schlafwert und ohne Schmerzwert

Wochenwert körperlich ....

Wochenwert emotional ....

Wochenwert mental ....

Wochenwert Schlaf ....

Schmerzen/Schmerzverlauf/Wert ....

Hat sich etwas verändert? Gab es Tage der Schmerzfreiheit?

In meinem Befinden hat sich etwas verändert:

körperlich

emotional

mental

Falls ja. Welche Gründe gibt es für die Veränderung?

Ich möchte mich für die vergangene Woche besonders bedanken für:
Schau noch einmal auf deine Danksagungen. Entscheide dich für eine oder zwei Danksagungen oder schreibe etwas Neues auf, was dir einfällt:

Ich habe folgendes wirklich gut gemacht. Dafür nehme ich mich jetzt in die Arme und wertschätze mich: *Schau noch einmal auf die Tagebucheintragungen der Woche. Wähle 2 -3 Fakten aus*

Ein Ereignis hat mich besonders in meiner Alltagsroutine überrascht:
Bitte schau rückblickend auf die Frage „Überraschung"

Meine Erkenntnis aus dieser Überraschung ist....

Was mir noch wichtig ist hier einzutragen:
Brainstorming, Worte, Gedanken

Meine Essenzen/Themen der jeweiligen Tage:

Bitte trage alles, was du in Tagesessenzen aufgeschrieben hast, hier noch einmal ein:

Für mich ergibt sich ein Thema / eine Erkenntnis aus den Essenzen?

Aus dieser Erkenntnis möchte ich in den kommenden Tagen folgendes umsetzen: *To-do-Liste und wie genau umsetzen*

1. Wie war meine letzte Nacht bzw. mein Schlaf

1	2	3	4	5	5,5	6	7	8	9	10

Gibt es einen Traum/Träume? Wenn ja, welchen?

2. Mein Befinden im Verlaufe des Tages

Durchschnitt

morgens

	1	2	3	4	5	5,5	6	7	8	9	10
körperlich	1	2	3	4	5	5,5	6	7	8	9	10
emotional	1	2	3	4	5	5,5	6	7	8	9	10
mental	1	2	3	4	5	5,5	6	7	8	9	10

Durchschnitt

mittags

	1	2	3	4	5	5,5	6	7	8	9	10
körperlich	1	2	3	4	5	5,5	6	7	8	9	10
emotional	1	2	3	4	5	5,5	6	7	8	9	10
mental	1	2	3	4	5	5,5	6	7	8	9	10

Durchschnitt

abends

	1	2	3	4	5	5,5	6	7	8	9	10
körperlich	1	2	3	4	5	5,5	6	7	8	9	10
emotional	1	2	3	4	5	5,5	6	7	8	9	10
mental	1	2	3	4	5	5,5	6	7	8	9	10

Schmerzen? Wenn ja, welche, wann und wie:

Durchschnitt

	1	2	3	4	5	5,5	6	7	8	9	10
morgens	1	2	3	4	5	5,5	6	7	8	9	10
mittags	1	2	3	4	5	5,5	6	7	8	9	10
abends	1	2	3	4	5	5,5	6	7	8	9	10

Skala umgekehrt! 10 = schlimmster Schmerz

Falls Medikamente, welche sowie Dosis:

3. Meine Erlebnisse/Begegnungen? Welche waren wichtig?

Gesamtbefinden
Durchschnitt

<u>ohne</u> Schlafwert
<u>ohne</u> Schmerzw.

4. Was hat mich heute überrascht?

5. Was gibt es Gutes und Neues?

6. Was habe ich heute gut gemacht?

7. Selbstfürsorge. Wie habe ich heute für mich gesorgt? Körperlich, seelisch, mental. Damit es mir gut geht.

8. Was habe ich für mein Herz getan? Was hat mein Herz erreicht?

9. Was kann ich aus den heutigen Erfahrungen lernen? Was möchte ich in den kommenden Tagen besser machen?

10. Dank sagen. Ich bedanke mich heute für:

11. Was hält mich noch in Gedanken und/oder Gefühlen fest?

12. Was ist die Essenz dieses/meines Tages?

13. Ich lasse jetzt ganz los. Der Tag ist gelebt. Ich lese jetzt langsam:

„Der Tag ist vorbei. Der Tag ist gelebt. Ich habe heute mein Bestes gegeben. Ich konnte in meinem situativen Bewusstsein nur so handeln, wie ich gehandelt habe. Ich lasse los. Meine Gedanken, meine Gefühle, meinen Körper. Ich kann heute rückblickend nichts mehr ändern. Ich akzeptiere, wie es ist. Ich lasse los und übergebe mich dem Schlaf. Die Natur in mir arbeitet für mich weiter. Für meine Regeneration in der Nacht. Morgen ist ein neuer Tag ."

1. Wie war meine letzte Nacht bzw. mein Schlaf

1	2	3	4	5	5,5	6	7	8	9	10

Gibt es einen Traum/Träume? Wenn ja, welchen?

2. Mein Befinden im Verlaufe des Tages

Durchschnitt

morgens

	1	2	3	4	5	5,5	6	7	8	9	10
körperlich	1	2	3	4	5	5,5	6	7	8	9	10
emotional	1	2	3	4	5	5,5	6	7	8	9	10
mental	1	2	3	4	5	5,5	6	7	8	9	10

Durchschnitt

mittags

	1	2	3	4	5	5,5	6	7	8	9	10
körperlich	1	2	3	4	5	5,5	6	7	8	9	10
emotional	1	2	3	4	5	5,5	6	7	8	9	10
mental	1	2	3	4	5	5,5	6	7	8	9	10

Durchschnitt

abends

	1	2	3	4	5	5,5	6	7	8	9	10
körperlich	1	2	3	4	5	5,5	6	7	8	9	10
emotional	1	2	3	4	5	5,5	6	7	8	9	10
mental	1	2	3	4	5	5,5	6	7	8	9	10

Schmerzen? Wenn ja, welche, wann und wie:

Durchschnitt

	1	2	3	4	5	5,5	6	7	8	9	10
morgens	1	2	3	4	5	5,5	6	7	8	9	10
mittags	1	2	3	4	5	5,5	6	7	8	9	10
abends	1	2	3	4	5	5,5	6	7	8	9	10

Skala umgekehrt! 10 = schlimmster Schmerz

Falls Medikamente, welche sowie Dosis:

3. Meine Erlebnisse/Begegnungen? Welche waren wichtig?

Gesamtbefinden
Durchschnitt

ohne Schlafwert
ohne Schmerzw.

4. Was hat mich heute überrascht?

5. Was gibt es Gutes und Neues?

6. Was habe ich heute gut gemacht?

7. Selbstfürsorge. Wie habe ich heute für mich gesorgt? Körperlich, seelisch, mental. Damit es mir gut geht.

8. Was habe ich für mein Herz getan? Was hat mein Herz erreicht?

9. Was kann ich aus den heutigen Erfahrungen lernen? Was möchte ich in den kommenden Tagen besser machen?

10. Dank sagen. Ich bedanke mich heute für:

11. Was hält mich noch in Gedanken und/oder Gefühlen fest?

12. Was ist die Essenz dieses/meines Tages?

13. Ich lasse jetzt ganz los. Der Tag ist gelebt. Ich lese jetzt langsam:

„Der Tag ist vorbei. Der Tag ist gelebt. Ich habe heute mein Bestes gegeben. Ich konnte in meinem situativen Bewusstsein nur so handeln, wie ich gehandelt habe. Ich lasse los. Meine Gedanken, meine Gefühle, meinen Körper. Ich kann heute rückblickend nichts mehr ändern. Ich akzeptiere, wie es ist. Ich lasse los und übergebe mich dem Schlaf. Die Natur in mir arbeitet für mich weiter. Für meine Regeneration in der Nacht. Morgen ist ein neuer Tag ."

1. Wie war meine letzte Nacht bzw. mein Schlaf

1	2	3	4	5	5,5	6	7	8	9	10

Gibt es einen Traum/Träume? Wenn ja, welchen?

2. Mein Befinden im Verlaufe des Tages

Durchschnitt

morgens

	1	2	3	4	5	5,5	6	7	8	9	10
körperlich	1	2	3	4	5	5,5	6	7	8	9	10
emotional	1	2	3	4	5	5,5	6	7	8	9	10
mental	1	2	3	4	5	5,5	6	7	8	9	10

Durchschnitt

mittags

	1	2	3	4	5	5,5	6	7	8	9	10
körperlich	1	2	3	4	5	5,5	6	7	8	9	10
emotional	1	2	3	4	5	5,5	6	7	8	9	10
mental	1	2	3	4	5	5,5	6	7	8	9	10

Durchschnitt

abends

	1	2	3	4	5	5,5	6	7	8	9	10
körperlich	1	2	3	4	5	5,5	6	7	8	9	10
emotional	1	2	3	4	5	5,5	6	7	8	9	10
mental	1	2	3	4	5	5,5	6	7	8	9	10

Schmerzen? Wenn ja, welche, wann und wie:

Durchschnitt

	1	2	3	4	5	5,5	6	7	8	9	10
morgens	1	2	3	4	5	5,5	6	7	8	9	10
mittags	1	2	3	4	5	5,5	6	7	8	9	10
abends	1	2	3	4	5	5,5	6	7	8	9	10

Skala umgekehrt! 10 = schlimmster Schmerz

Falls Medikamente, welche sowie Dosis:

3. Meine Erlebnisse/Begegnungen? Welche waren wichtig?

Gesamtbefinden
Durchschnitt

ohne Schlafwert
ohne Schmerzw.

4. Was hat mich heute überrascht?

5. Was gibt es Gutes und Neues?

6. Was habe ich heute gut gemacht?

7. Selbstfürsorge. Wie habe ich heute für mich gesorgt? Körperlich, seelisch, mental. Damit es mir gut geht.

8. Was habe ich für mein Herz getan? Was hat mein Herz erreicht?

9. Was kann ich aus den heutigen Erfahrungen lernen? Was möchte ich in den kommenden Tagen besser machen?

10. Dank sagen. Ich bedanke mich heute für:

11. Was hält mich noch in Gedanken und/oder Gefühlen fest?

12. Was ist die Essenz dieses/meines Tages?

13. Ich lasse jetzt ganz los. Der Tag ist gelebt. Ich lese jetzt langsam:

„Der Tag ist vorbei. Der Tag ist gelebt. Ich habe heute mein Bestes gegeben. Ich konnte in meinem situativen Bewusstsein nur so handeln, wie ich gehandelt habe. Ich lasse los. Meine Gedanken, meine Gefühle, meinen Körper. Ich kann heute rückblickend nichts mehr ändern. Ich akzeptiere, wie es ist. Ich lasse los und übergebe mich dem Schlaf. Die Natur in mir arbeitet für mich weiter. Für meine Regeneration in der Nacht. Morgen ist ein neuer Tag.“

1. Wie war meine letzte Nacht bzw. mein Schlaf

1	2	3	4	5	5,5	6	7	8	9	10

Gibt es einen Traum/Träume? Wenn ja, welchen?

2. Mein Befinden im Verlaufe des Tages

morgens

Durchschnitt

	1	2	3	4	5	5,5	6	7	8	9	10
körperlich	1	2	3	4	5	5,5	6	7	8	9	10
emotional	1	2	3	4	5	5,5	6	7	8	9	10
mental	1	2	3	4	5	5,5	6	7	8	9	10

mittags

Durchschnitt

	1	2	3	4	5	5,5	6	7	8	9	10
körperlich	1	2	3	4	5	5,5	6	7	8	9	10
emotional	1	2	3	4	5	5,5	6	7	8	9	10
mental	1	2	3	4	5	5,5	6	7	8	9	10

abends

Durchschnitt

	1	2	3	4	5	5,5	6	7	8	9	10
körperlich	1	2	3	4	5	5,5	6	7	8	9	10
emotional	1	2	3	4	5	5,5	6	7	8	9	10
mental	1	2	3	4	5	5,5	6	7	8	9	10

Schmerzen? Wenn ja, welche, wann und wie:

Durchschnitt

	1	2	3	4	5	5,5	6	7	8	9	10
morgens	1	2	3	4	5	5,5	6	7	8	9	10
mittags	1	2	3	4	5	5,5	6	7	8	9	10
abends	1	2	3	4	5	5,5	6	7	8	9	10

Skala umgekehrt! 10 = schlimmster Schmerz

Falls Medikamente, welche sowie Dosis:

3. Meine Erlebnisse/Begegnungen? Welche waren wichtig?

Gesamtbefinden
Durchschnitt

<u>ohne</u> Schlafwert
<u>ohne</u> Schmerzw.

4. Was hat mich heute überrascht?

5. Was gibt es Gutes und Neues?

6. Was habe ich heute gut gemacht?

7. Selbstfürsorge. Wie habe ich heute für mich gesorgt? Körperlich, seelisch, mental. Damit es mir gut geht.

8. Was habe ich für mein Herz getan? Was hat mein Herz erreicht?

9. Was kann ich aus den heutigen Erfahrungen lernen? Was möchte ich in den kommenden Tagen besser machen?

10. Dank sagen. Ich bedanke mich heute für:

11. Was hält mich noch in Gedanken und/oder Gefühlen fest?

12. Was ist die Essenz dieses/meines Tages?

13. Ich lasse jetzt ganz los. Der Tag ist gelebt. Ich lese jetzt langsam:

„Der Tag ist vorbei. Der Tag ist gelebt. Ich habe heute mein Bestes gegeben. Ich konnte in meinem situativen Bewusstsein nur so handeln, wie ich gehandelt habe. Ich lasse los. Meine Gedanken, meine Gefühle, meinen Körper. Ich kann heute rückblickend nichts mehr ändern. Ich akzeptiere, wie es ist. Ich lasse los und übergebe mich dem Schlaf. Die Natur in mir arbeitet für mich weiter. Für meine Regeneration in der Nacht. Morgen ist ein neuer Tag ."

1. Wie war meine letzte Nacht bzw. mein Schlaf

1	2	3	4	5	5,5	6	7	8	9	10

Gibt es einen Traum/Träume? Wenn ja, welchen?

2. Mein Befinden im Verlaufe des Tages

Durchschnitt

morgens

	1	2	3	4	5	5,5	6	7	8	9	10
körperlich	1	2	3	4	5	5,5	6	7	8	9	10
emotional	1	2	3	4	5	5,5	6	7	8	9	10
mental	1	2	3	4	5	5,5	6	7	8	9	10

Durchschnitt

mittags

	1	2	3	4	5	5,5	6	7	8	9	10
körperlich	1	2	3	4	5	5,5	6	7	8	9	10
emotional	1	2	3	4	5	5,5	6	7	8	9	10
mental	1	2	3	4	5	5,5	6	7	8	9	10

Durchschnitt

abends

	1	2	3	4	5	5,5	6	7	8	9	10
körperlich	1	2	3	4	5	5,5	6	7	8	9	10
emotional	1	2	3	4	5	5,5	6	7	8	9	10
mental	1	2	3	4	5	5,5	6	7	8	9	10

Schmerzen? Wenn ja, welche, wann und wie:

Durchschnitt

	1	2	3	4	5	5,5	6	7	8	9	10
morgens	1	2	3	4	5	5,5	6	7	8	9	10
mittags	1	2	3	4	5	5,5	6	7	8	9	10
abends	1	2	3	4	5	5,5	6	7	8	9	10

Skala umgekehrt! 10 = schlimmster Schmerz

Falls Medikamente, welche sowie Dosis:

3. Meine Erlebnisse/Begegnungen? Welche waren wichtig?

Gesamtbefinden
Durchschnitt

ohne Schlafwert
ohne Schmerzw.

4. Was hat mich heute überrascht?

5. Was gibt es Gutes und Neues?

6. Was habe ich heute gut gemacht?

7. Selbstfürsorge. Wie habe ich heute für mich gesorgt? Körperlich, seelisch, mental. Damit es mir gut geht.

8. Was habe ich für mein Herz getan? Was hat mein Herz erreicht?

9. Was kann ich aus den heutigen Erfahrungen lernen? Was möchte ich in den kommenden Tagen besser machen?

10. Dank sagen. Ich bedanke mich heute für:

11. Was hält mich noch in Gedanken und/oder Gefühlen fest?

12. Was ist die Essenz dieses/meines Tages?

13. Ich lasse jetzt ganz los. Der Tag ist gelebt. Ich lese jetzt langsam:

„Der Tag ist vorbei. Der Tag ist gelebt. Ich habe heute mein Bestes gegeben. Ich konnte in meinem situativen Bewusstsein nur so handeln, wie ich gehandelt habe. Ich lasse los. Meine Gedanken, meine Gefühle, meinen Körper. Ich kann heute rückblickend nichts mehr ändern. Ich akzeptiere, wie es ist. Ich lasse los und übergebe mich dem Schlaf. Die Natur in mir arbeitet für mich weiter. Für meine Regeneration in der Nacht. Morgen ist ein neuer Tag."

1. Wie war meine letzte Nacht bzw. mein Schlaf

1	2	3	4	5	5,5	6	7	8	9	10

Gibt es einen Traum/Träume? Wenn ja, welchen?

2. Mein Befinden im Verlaufe des Tages

Durchschnitt

morgens

körperlich	1	2	3	4	5	5,5	6	7	8	9	10
emotional	1	2	3	4	5	5,5	6	7	8	9	10
mental	1	2	3	4	5	5,5	6	7	8	9	10

Durchschnitt

mittags

körperlich	1	2	3	4	5	5,5	6	7	8	9	10
emotional	1	2	3	4	5	5,5	6	7	8	9	10
mental	1	2	3	4	5	5,5	6	7	8	9	10

Durchschnitt

abends

körperlich	1	2	3	4	5	5,5	6	7	8	9	10
emotional	1	2	3	4	5	5,5	6	7	8	9	10
mental	1	2	3	4	5	5,5	6	7	8	9	10

Schmerzen? Wenn ja, welche, wann und wie:

Durchschnitt

morgens	1	2	3	4	5	5,5	6	7	8	9	10
mittags	1	2	3	4	5	5,5	6	7	8	9	10
abends	1	2	3	4	5	5,5	6	7	8	9	10

Skala umgekehrt! 10 = schlimmster Schmerz

Falls Medikamente, welche sowie Dosis:

3. Meine Erlebnisse/Begegnungen? Welche waren wichtig?

Gesamtbefinden
Durchschnitt

ohne Schlafwert
ohne Schmerzw.

4. Was hat mich heute überrascht?

5. Was gibt es Gutes und Neues?

6. Was habe ich heute gut gemacht?

7. Selbstfürsorge. Wie habe ich heute für mich gesorgt? Körperlich, seelisch, mental. Damit es mir gut geht.

8. Was habe ich für mein Herz getan? Was hat mein Herz erreicht?

9. Was kann ich aus den heutigen Erfahrungen lernen? Was möchte ich in den kommenden Tagen besser machen?

10. Dank sagen. Ich bedanke mich heute für:

11. Was hält mich noch in Gedanken und/oder Gefühlen fest?

12. Was ist die Essenz dieses/meines Tages?

13. Ich lasse jetzt ganz los. Der Tag ist gelebt. Ich lese jetzt langsam:

„Der Tag ist vorbei. Der Tag ist gelebt. Ich habe heute mein Bestes gegeben. Ich konnte in meinem situativen Bewusstsein nur so handeln, wie ich gehandelt habe. Ich lasse los. Meine Gedanken, meine Gefühle, meinen Körper. Ich kann heute rückblickend nichts mehr ändern. Ich akzeptiere, wie es ist. Ich lasse los und übergebe mich dem Schlaf. Die Natur in mir arbeitet für mich weiter. Für meine Regeneration in der Nacht. Morgen ist ein neuer Tag .“

1. Wie war meine letzte Nacht bzw. mein Schlaf

1	2	3	4	5	5,5	6	7	8	9	10

Gibt es einen Traum/Träume? Wenn ja, welchen?

2. Mein Befinden im Verlaufe des Tages

Durchschnitt

morgens

	1	2	3	4	5	5,5	6	7	8	9	10
körperlich	1	2	3	4	5	5,5	6	7	8	9	10
emotional	1	2	3	4	5	5,5	6	7	8	9	10
mental	1	2	3	4	5	5,5	6	7	8	9	10

Durchschnitt

mittags

	1	2	3	4	5	5,5	6	7	8	9	10
körperlich	1	2	3	4	5	5,5	6	7	8	9	10
emotional	1	2	3	4	5	5,5	6	7	8	9	10
mental	1	2	3	4	5	5,5	6	7	8	9	10

Durchschnitt

abends

	1	2	3	4	5	5,5	6	7	8	9	10
körperlich	1	2	3	4	5	5,5	6	7	8	9	10
emotional	1	2	3	4	5	5,5	6	7	8	9	10
mental	1	2	3	4	5	5,5	6	7	8	9	10

Schmerzen? Wenn ja, welche, wann und wie:

Durchschnitt

	1	2	3	4	5	5,5	6	7	8	9	10
morgens	1	2	3	4	5	5,5	6	7	8	9	10
mittags	1	2	3	4	5	5,5	6	7	8	9	10
abends	1	2	3	4	5	5,5	6	7	8	9	10

Skala umgekehrt! 10 = schlimmster Schmerz

Falls Medikamente, welche sowie Dosis:

3. Meine Erlebnisse/Begegnungen? Welche waren wichtig?

Gesamtbefinden
Durchschnitt

ohne Schlafwert
ohne Schmerzw.

4. Was hat mich heute überrascht?

5. Was gibt es Gutes und Neues?

6. Was habe ich heute gut gemacht?

7. Selbstfürsorge. Wie habe ich heute für mich gesorgt? Körperlich, seelisch, mental. Damit es mir gut geht.

8. Was habe ich für mein Herz getan? Was hat mein Herz erreicht?

9. Was kann ich aus den heutigen Erfahrungen lernen? Was möchte ich in den kommenden Tagen besser machen?

10. Dank sagen. Ich bedanke mich heute für:

11. Was hält mich noch in Gedanken und/oder Gefühlen fest?

12. Was ist die Essenz dieses/meines Tages?

13. Ich lasse jetzt ganz los. Der Tag ist gelebt. Ich lese jetzt langsam:

„Der Tag ist vorbei. Der Tag ist gelebt. Ich habe heute mein Bestes gegeben. Ich konnte in meinem situativen Bewusstsein nur so handeln, wie ich gehandelt habe. Ich lasse los. Meine Gedanken, meine Gefühle, meinen Körper. Ich kann heute rückblickend nichts mehr ändern. Ich akzeptiere, wie es ist. Ich lasse los und übergebe mich dem Schlaf. Die Natur in mir arbeitet für mich weiter. Für meine Regeneration in der Nacht. Morgen ist ein neuer Tag ."

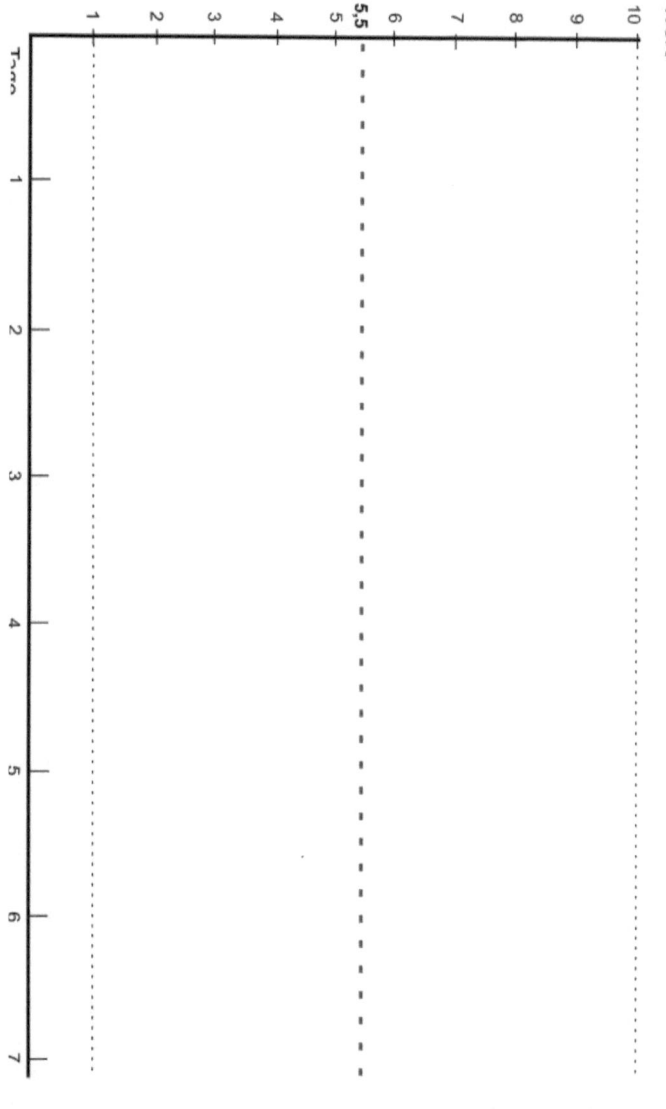

Wert

10
9
8
7
6
5,5
5
4
3
2
1

Tage   1   2   3   4   5   6   7

Übertrage zuerst die Tagesgesamtwertzahlen und verbinde die Punkte miteinander zu einer dicken Linie.

Trage anschließend die weiteren Werte für körperliches, emotionales, mentales Befinden sowie Schlafbefinden ein und verbinde sie ebenso zu Kurven – am besten mit verschiedenen Farbstiften oder zur Unterscheidung kenntlichen Markierungen. Die Mittelwert ist 5,5. Liegt deine Kurve insgesamt über dieser Linie oder unter der Linie?

Gesamtdurchschnittswert der Woche für die Übungen:
Tageswerte addieren – durch 7 teilen oder der faktisch absolvierten Übungstage

Wochengesamtwert
ohne Schlafwert und ohne Schmerzwert

Wochenwert körperlich ....

Wochenwert emotional ....

Wochenwert mental ....

Wochenwert Schlaf ....

Schmerzen/Schmerzverlauf/Wert ....
Hat sich etwas verändert? Gab es Tage der Schmerzfreiheit?

In meinem Befinden hat sich etwas verändert:

körperlich

emotional

mental

Falls ja. Welche Gründe gibt es für die Veränderung?

Ich möchte mich für die vergangene Woche besonders bedanken für:
Schau noch einmal auf deine Danksagungen. Entscheide dich für eine oder zwei Danksagungen oder schreibe etwas Neues auf, was dir einfällt:

Ich habe folgendes wirklich gut gemacht. Dafür nehme ich mich jetzt in die Arme und wertschätze mich: *Schau noch einmal auf die Tagebucheintragungen der Woche. Wähle 2 -3 Fakten aus*

Ein Ereignis hat mich besonders in meiner Alltagsroutine überrascht:
Bitte schau rückblickend auf die Frage „Überraschung"

Meine Erkenntnis aus dieser Überraschung ist....

Was mir noch wichtig ist hier einzutragen:
Brainstorming, Worte, Gedanken

Meine Essenzen/Themen der jeweiligen Tage:

Bitte trage alles, was du in Tagesessenzen aufgeschrieben hast, hier noch einmal ein:

Für mich ergibt sich ein Thema / eine Erkenntnis aus den Essenzen?

Aus dieser Erkenntnis möchte ich in den kommenden Tagen folgendes umsetzen: *To-do-Liste und wie genau umsetzen*

Gesamt

Wert

10 — 9 — 8 — 7 — 6 — 5,5 5 — 4 — 3 — 2 — 1

Wochen

1 — 2 — 3 — 4 — 5 — 6

b i l a n z ₁

Gesamtdurchschnittswert von 6 Wochen

Wochenwerte von 6 Wochen addieren – durch 6 teilen

ohne Schlafwert

Monatswert körperlich   ....

Monatswert emotional   ....

Monatswert mental   ....

Monatswert Schlaf   ....

Falls Schmerzen: Schmerzprozess   ....

Hat sich etwas verändert? Gab es Tage der Schmerzfreiheit?
Gesamtwert 10 =schlimmster Schmerz, 1= totale Schmerzfreiheit

In deinem Befinden hat sich etwas verändert:

körperlich   emotional   mental

Falls ja. Welche Gründe gibt es für die Veränderung?

Wie war dein Schlaf und Schlafverhalten der letzten 6 Wochen:

Die Essenz von 6 Wochen. Welche Erkenntnisse hast du in diesem Tagebuch-Training gewonnen? *Schau dir noch mal die Essenzen der 6 Wochen an und schreibe sie hier noch einmal auf*

Ergibt sich aus allen Essenzen ein neues Thema/eine Erkenntnis?

1. Was hast du gut gemacht? Für was kannst du dich selbst in die Arme nehmen? Schätze dich wert, was du in diesen 6 Wochen geschafft hast:

2. Konntest du bezüglich eines Problems und seiner Lösung ein Stück weiterkommen?

Wenn ja, worauf beruht die Lösung

Wenn nein, was könnte dir helfen, um das Problem zu lösen?

3. Konntest du dich der Verwirklichung deiner Ziele, Vorhaben und Vision etwas nähern? *Schau dir deine Visionsseite an und ergänze sie*

Wenn ja, worauf führst du dies zurück?

Wenn nicht, was, glaubst du, sind die Gründe?

4. Hat sich in deiner Zielsetzung und Vision etwas verändert?

5. Fühlst du dich im Alltag konzentrierter und präsenter als vorher?
Wenn ja, worauf führst du dies zurück

6. Gibt es eine Essenz aus den Danksagungen der vergangenen 6 Wochen? Eine, die zentral ist?

Deine

Visionen

Ziele

Vorhaben

Du kannst dich mit diesen Fragen jetzt oder auch zu einem späteren Zeitpunkt beschäftigen. Diese Fragen helfen dir dabei, einen Überblick über dein Leben zu gewinnen, Veränderungsprozesse zu entdecken, Visionen zu schärfen und Essenzen zu erkennen.

Welche Vision vom Leben und der Zukunft hattest du mit 20 Jahren?

Welche Vision vom Leben und der Zukunft hattest du mit 30 Jahren?

Welche Vision vom Leben und der Zukunft hattest du mit 40 Jahren?

Welche Vision vom Leben und der Zukunft hattest du mit 50 Jahren?

Welche Vision vom Leben und der Zukunft hattest du mit 60 Jahren?

Welche Vision vom Leben und der Zukunft hast du jetzt?

Was fällt dir auf, wenn du diese Visionen/Ziele von früher bis heute betrachtest?

Welche bewusst gesteckten Ziele/Vorhaben hast du bisher in deinem Leben verwirklicht?

Welche bewusst gesteckten Ziele/ Vorhaben hast du bisher <u>nicht</u> in deinem Leben erreicht?

Bist du mit dem Nichterreichen ausgesöhnt und in Frieden oder ärgert e dich immer noch?

Welche der unerreichten Ziele sind davon noch wichtig?

Welche Ziele hast du noch? Was möchtest du noch verwirklichen?

In welcher Phase des Lebens warst du absolut präsent im Hier und Jetzt und weniger in ständigen Vorstellungen, Konzepten und Wünschen? Und wie hast du dich dabei gefühlt?

Welche Erlebnisse / Ereignisse / Erfahrungen, die du nicht auf dem Lebensplan hattest, haben dich total überrascht?

Welche Erkenntnis hast du daraus gewonnen?

Die Hauptfrage: Warum?

Warum machst du das, was du machst?

Warum hast du diese Ziele, diese Vision?

**Was ist die Kernbotschaft, der tiefere Sinn hinter allem,
wofür du machst und wofür du richtig brennst?**

Falls du das Orginalbuch noch nicht gelesen hast, hier die Inhalte:

Gedankenhygiene
Wirkungen The Way
The Way
Dein Tag
Dein Leben
Dein Buch
Besinn dich
Die Besinnungsfragen
Musterbeispiel
Starte dein Logbuch
7 Tageskontrollbögen
Wochenrückblick Auswertung
Tagesfragen zum Kopieren
Monatsbilanz – Auswertung
Kraft und Energie durch Dankbarkeit
Visioncamp Deine Visionen Ziele Vorhaben
Erfolgsfaktor Atmung
Die 8 Wirkungen gesunder Atmung
Atemfakten
Bewusst atmen – Schlüssel zur Gegenwartserfahrung
Off Übung: 5 Energieübungen für den Alltag
Dehn dich frei – Körperübung
Atem- und Bodyscan
Meditation – Sitzen in Stille. Atemübung
Atme dich frei – Atemübung
Lachen – die effektivste Form des Atemtrainings
Das Vorwort als Nachwort. Persönlich
Bildnachweis und Hinweis zum Gebrauch

THE WAY

Dein Tag Dein Leben Dein Buch

BERND TRUSHEIM

ISBN 9783754308363   6,99 €

übungen

Bessere Zellstofftätigkeit

Größte innere Organmassage

Dynamisierung des Kreislaufs

Die 8 Wirkungen guter Atmung
© nach Trusheim

Verbesserung der Stimme

Mentale Verbesserung

Bessere Kommunikation mit Mensch und Umwelt

Verbesserung der Gefühlssteuerung

Verbindung von Bewusstsein und Unterbewusstsein

Erfolgsfaktor
Atmung

ATME DICH FREI

Die zentrale Kraft
für Körper, Geist, Seele

BERNDTRUSHEIM BREATHWORK

Gesamtwerk, 344 Seiten, 2019

BERND TRUS

THE WAY

Dein Tag Dein Leben Dein

RICHTIG ATMEN
GESÜNDER LEBEN

Mit praktischem Gesundheitsbegleiter

Praxis-Ratgeber sportinform

Bernd Trusheim

COPRESS
SPORT

Dein
Erkenntnis-
und Entwicklungs-
Tagebuch

BERND TRUSHEIM

Auszüge aus den Büchern
von Bernd Trusheim

ATEM
KÖRPER
BEWUSSTSEIN

Bernd Trusheim

ATME DICH FREI
10 Minuten, die verändern!

BE10
Atemübung

breathing exercise „BE10"

BERNDTRUSHEIM BREATHWORK

2020   ISBN-13: 9783751932240 4,99 EUR

Dein Leben aussitzen oder dich mit deinen Sinnen enfalten?

Tatsache ist: Du bist nicht geboren, um das Leben auszusitzen. Du bist geboren, um dich „durch dieses Leben zu bewegen". Bis zum heutigen Tag ist dein Körper mit der genetischen Veranlagung zum Jäger und Sammler ausgestattet, um zwischen acht und fünfzehn Kilometer täglich zu gehen oder zu joggen! Das ist das Ergebnis einer 3,2 Millionen Jahre dauernden Evolution des Menschen. Eine Höchstleistung von Auslese und eine Höchstleistung in der Entwicklung der Sinne! Was machst du mit diesem imposanten Erbe? Was passiert, wenn du dich nicht den entsprechenden körperlichen Möglichkeiten ausreichend bewegst und somit gut atmest? Wie ist das mit deinem Lebens"Lauf" und Werde"Gang"? Wie bewegst du dich durch dieses Leben? Wir sprechen vom „Lebenslauf" und „Werdegang", nicht vom Lebens"Sitz" oder Werde"Sitz".

Wir stecken in einer Zwickmühle. Wir arbeiten und leben zweckentfremdet – entgegen unserer ursprünglichen biologischen Funktion, ebenso im Essen industrialisierter Nahrungsmittel und dem Einatmen von schadstoffbelasteter Luft. Zum natürlichen Ausgleich müssen wir entsprechend Sport treiben, uns besser ernähren und dazu auch noch Atem- und Entspannungstechniken lernen. Das ist der Preis für unsere sogenante „Hightec-Zivilisation". Und wer ihn nicht zahlt, der bekommt vorzeitig seine Quittung in vielen neuen Krankheiten oder dem vorzeitigen „Aus".

1
Dehn dich aus
1 Minute lang

1

Rekel und dehn dich jetzt genüsslich in den Raum. Fang an, deine Finger zu spreizen, die Arme in den Raum zu strecken, zur Seite, nach unten, nach oben in den Raum hinein. Stehe auf und strecke deine Füße, deine Beine in den Raum. Dehne deine Fußgelenke, strecke und dehne deinen gesamten Körper über die Wirbelsäule in den Raum hinein. Wenn du tief gähnen musst, gähne. Öffne deinen Mund, so weit es irgendwie geht, und spüre, wie tief du jetzt automatisch atmen musst. Super!

Aus dem Buch „THE WAY Dein Tag Dein Leben D

Wirkungen des Dehnens und Sich-Streckens:

- Reflektorische Vertiefung der Ein- und Ausatmung
- Aktivierung des Gamma-Nervensystems, das den Spannungsgrad in den Muskeln misst und neu einstellt – in eine gute Bereitschaftsspannung = Eutonus
- Lockerung der Skelettmuskulatur sowie Kiefer- und Mundverspannung
- Verbesserung der Elastizität der Muskeln, Sehnen, Bänder, des Gewebes
- Erhöhung des Stimmvolumens und der Resonanz
- Abbau von Ängsten und körperlichen Verkrampfungen
- Reduzierung von psychischem Stress
- Dynamisierung des Kreislaufs
- Unterbrechung des Gedankenkarussells – Ankerung im Hier und Jetzt

Atem- und Bodyscan
1 - 2 Minuten

Spüre in deinen Körper hinein! Es ist der wichtigste Schritt zur Körperbewusstheit! Die stille Konzentration auf die körperlichen Vorgänge und Empfindungen vor und nach einer Übung ermöglicht dir, die tiefen „Wirkungen" wirklich zu „erfahren". Hiermit trainierst du dein Empfindungsbewusstsein, die Tiefensensibilität. Erst wenn du entdeckst, wie etwas wirklich in deinem Körper „nach"-„wirkt", entsteht das sogenannte Bewusstsein für deinen Körper. Gleichzeitig hat dies eine tiefe entspannende und meditative Wirkung. Deine Gedanken kommen zur Ruhe, du verankerst dich im Hier und Jetzt. Nach jeder Übung ruhe aus. Du spürst entweder im aufrechten Sitzen oder im geraden Liegen auf einer Yoga- oder Isomatte in deinen Körper hinein. Hier geht es nicht um Emotionen, sondern um *die wertfreie Wahrnehmung von*

sinnlichen Empfindungen. [scannst etwas ab, so, wie es g rade ist – wie ein Bild auf eine Scanner. Dies bedeutet, dein Gedanken und Gedankenmust bewerten nicht, wie es sein so te oder sein könnte oder müsst Vielleicht spürst du am Anfar noch gar nichts oder nur wen oder nur Schmerz. Das ist ab normal, wenn du dies erstma übst. Mit jedem kontinuierliche Üben machst du neue Entdecku gen. Nimm dir zu Beginn ein pa mehr Minuten Zeit als oben ang geben.

2

Der wichtigste Schritt zu Körperbewusstsein und Impulskontrolle

Die Wirkungen des Atem- und Bodyscan

- Entspannung/Beruhigung der Atmung
- Psychovegetative Entspannung
- Verbesserung der Tiefensensibilität
- Bessere Durchblutung gezielter Körperbereiche, Organe, Muskel- und Knochensysteme
- Körperbewusstsein und Impulswahrnehmung: Signale und Alarmsignale werden schneller erspürt und erkannt, die Sprache des Körpers verstanden und entsprechend ausgleichend reagiert
- Verbesserung der Konzentration durch Unterbrechung des Gedankenkarusells. Andere Hirnareale werden aktiviert.
- Entschleunigung
- Stärkung des Immunsystems

Aus dem Buch „THE WAY Dein Tag Dein Leben Dein Buch" von Bernd Trusheim www.berndtrusheim.de

Meditation in Stille

Lass deine Gedanken zur Ruhe kommen. Dies ist die wichtigste und größte Lebenskunst und Botschaft dieses Buches. Wie oft fahren wir uns täglich fest in unseren Gedanken, der Kopf raucht und wir kommen nicht wirklich zur Ruhe. Unsere Gedanken tricksen uns immer wieder aus, weil wir immer die selben neuronalen alten Autobahnen und Muster benutzen. Können wir anders denken, als wir denken? Ja! Aber das erfordert Training. Hier möchte ich nur eine einzige tiefe und wirksame Übung aus der Praxis des Zen-Buddhismus erwähnen: Das ZaZen – das Sitzen in Stille. Es kann sein, dass du durch die Praxis dieser Übung gar keine andere Übung mehr machen und dieses Buch ganz zuklappen möchtest. Herzlichen Glückwunsch!

Wirkungen der Meditation:

- Vertiefung und Stabilisierung der Atmung
- Verbesserung der Konzentration
- Verbesserung der Präsenz
- Verbesserung der mentalen Leistung und Belastbarkeit
- Verbesserung der Körperwahrnehmung und Körperpräsenz
- Optimierung des Atmungs- und Herzkreislaufes
- Verbesserung der emotionalen Intelligenz
- Förderung der Selbstverantwortung und Selbststeuerung
- Aufbau von Selbstvertrauen
- Entwicklung von Resilienz
- Entwicklung von mehr Mitgefühl zu sich selbst und anderen
- Auflösung von langwierigen Dramaturgien
- Erleben und genießen persönlicher All-Eins-Erfahrungen, unabhängig von Religionen und Dogmen
- Aufgehobensein – Teil eines Ganzen zu sein

Sitzen in Stille mit Atemübung

Dauer: zunächst nur 5- 15 Minuten

Hilfsmittel: Meditationskissen oder Meditationshocker. Du kannst diese Übung je nach deinen körperlichen Fähigkeiten und Möglichkeiten oder Einschränkungen im Halblotussitz, Lotussitz, im Fersensitz oder auf einem Stuhl/Hocker machen. Der Raum sollte in deinem Sichtfeld aufgeräumt sein und beruhigend wirken.

Setz dich aufrecht hin. „Finde zu deiner Größe! Richte dich auf und nicht ab!" Wenn du deinen Platz und Aufrichtung gefunden haben, verbeuge dich kurz als Zeichen der Sammlung und des Starts. Im Zen ist es das Gasho – die Verbeugung vor dem großen Ganzen. Halte deine Augen nur ein wenig offen, so dass die Augenlider sehr entspannt sind. Schau vor dich ca. 1,5- 2 Meter auf den Boden. Finde auch für die Arme und Hände eine Meditationsposition (siehe Bilder). Konzentriere dich nun auf deinen Atem. Beobachte für einen Moment deine Atmung, ohne sie zu bewerten. Dann beginnst du, deine Atemzüge mit einem Zählen bis 10 zu begleiten. Amte möglichst immer nur durch die Nase ein und aus. Im Einatem auf 1, im Ausatem auf 2, im nächsten Einatem auf 3, nächster Ausatem auf 4 ..... jeweils bis 10. Wenn du bei 10 angelangt sind, beginne wieder auf 1. Ziel dieser Übung ist, sich ausschließlich auf das Atmen zu konzentrieren und damit die Gedanken zur Ruhe zu bringen. Du wirst in Kürze feststellen, wie du immer wieder abdriftest, wie immer wieder neue Gedanken in dieser Ruhe laut werden und versuchen, sich in die Übung zu drängen und dich abzulenken. Das ist vollkommen normal. Gib nicht auf. Wenn du 5- 10 Sekunden anfangs ohne andere Gedanken einfach nur atmen, ist das schon eine enorme Leistung! Für viele Übenden ist es zunächst einmal erschreckend zu entdecken, wie viele Gedanken ständig da sind und welches Spektakel sie veranstalten. Sei nett zu diesen. Beobachte diese kurz und dann wechsle wieder zur Atemübung mit Zählen. Damit erforschst du deinen Geist und erhältst eines der wirksamsten Mittel überhaupt, diesen zu zähmen und zu trainieren.

Je nach Situation, Stimmung, Zeit und Lust kannst du die Meditationsübung bis zu 20 Minuten ausdehnen – eine Intensiverfahrung und Lernprozess!

Aus dem Buch „THE WAY Dein Tag Dein Leben Dein Buch" von Bernd Trusheim www.berndtrusheim.de

Atemübung

4

Variation und Intensivierung der Meditationsübung

Atme durch die Nase ein. Spüre, wie die Luft durch die beiden Nasengänge nach innen strömt. Anschließend atme durch den Mund durch leicht geschlossene Lippen sanft mit langem hörbaren „bffffffffffff" aus, so, wie ein Raucher, der genußvoll den Rauch in einen sichtbaren feinen Strom formt.

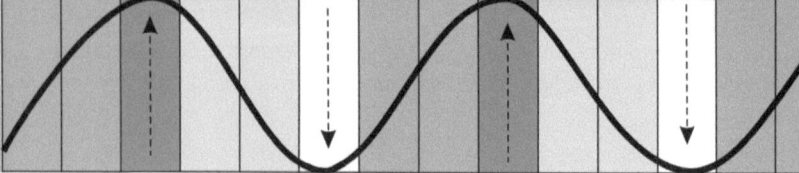

| Einatmung | Ausatmung | Einatmung | Ausatmung | Einatmung |

Aus dem Buch „THE WAY Dein Tag Dein Leben

„ES ATMET"

Den Atem nur beobachten. Spüre, wie der Atem von selbst kommt und wieder geht. Die Atmung ist eine autonome Funktion. Warte und horche nach der Ausatmung in dich hinein, wann der Impuls von innen kommt, wieder einzuatmen. Und wenn du eingeatmet bist, wann der Impuls kommt, auszuatmen. Alles geschieht ohne dein Zutun von selbst. Das ist das Geheimnis tiefer Atem- und Rhythmuserfahrung.

Jede Übung 2-3 Minuten lang machen

Lachen

Das beste und gesündeste Atemtraining

Jeder Tag, an dem du nicht lächelst, ist ein verlorener Tag.
Charlie Chaplin

5

Lachen baut Stress ab.

Lachen wirkt sympathisch.

Ein lachender Mensch wird als attraktiver wahrgenommen als einer mit ernster Miene.

Der Körper schüttet beim Lachen Glückshormone aus. Die ausgeschütteten Endorphine wirken entzündungshemmend und schmerzstillend.

Lachen regt die Verdauung, den Stoffwechsel an.

Mehrere Studien kamen zum Ergebnis, dass es bei Menschen, die häufig lachen, seltener zu einem Herzinfarkt und zu Depressionen kommt.

Lachen baut Spannungen und Hemmungen ab und bricht das Eis.

Regelmäßiges Lachen stärkt das Immunsystem.

Eine Minute Lachen soll allgemein positiv auf die Gesundheit wirken wie 10 Minuten Joggen oder 45 Minuten Meditation.

Lachen erhöht den Sauerstoffaustausch im Gehirn und steigert dadurch die Konzentrationsfähigkeit.

Lachen entspannt und steigert das Wohlbefinden.

Lachen schafft Nähe zu Menschen.

Beim Lachen oder auch nur beim Lächeln drückt der Gesichtsmuskel zwischen Wange und Auge genau auf den Nerv, der unserem Gehirn eine fröhliche Stimmung signalisiert. Das tut ungemein gut.

Deshalb: Unabhängig davon, ob es einen Grund zu lächeln gibt oder nicht – auch ein gekünsteltes Lächeln (mind. eine Minute!) hat die gleiche positive Wirkung. Es mag dir vielleicht seltsam anmuten, wenn du eine Minute grinst, aber dadurch deine Stimmung hebst und du entspannst.

Bewusstes Atmen
Die Grunderfahrung der Polarität
Die Grunderfahrung von Leben

Seelische und spirituelle Entwicklung haben immer eine Verankerung im Körperlichen, speziell im bewussten Atmen. Hier macht der Mensch die Grunderfahrung mit dem Lebensgesetz der Polarität, und zwar durch Einatmung und Ausatmung. Gleichzeitig kann er diese Polarität als Rhythmus und als ein Ganzes erleben und damit die *Dualität zeitweise überwinden*. Dies ist ein zentraler Schlüssel spiritueller Entwicklung. Und in der Spiritualität steckt das Wort *„spirare"* = atmen. Es sind die In*"spirationen"*, die unsere Atmung beflügeln und unserem Leben Sinn geben.

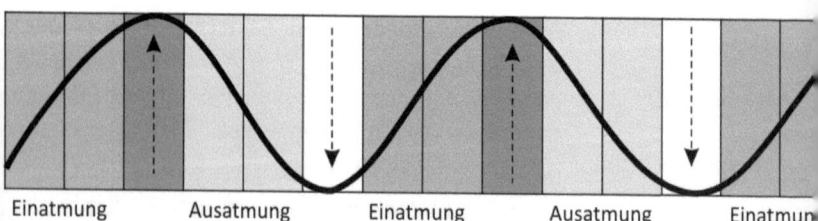

Einatmung   Ausatmung   Einatmung   Ausatmung   Einatmun

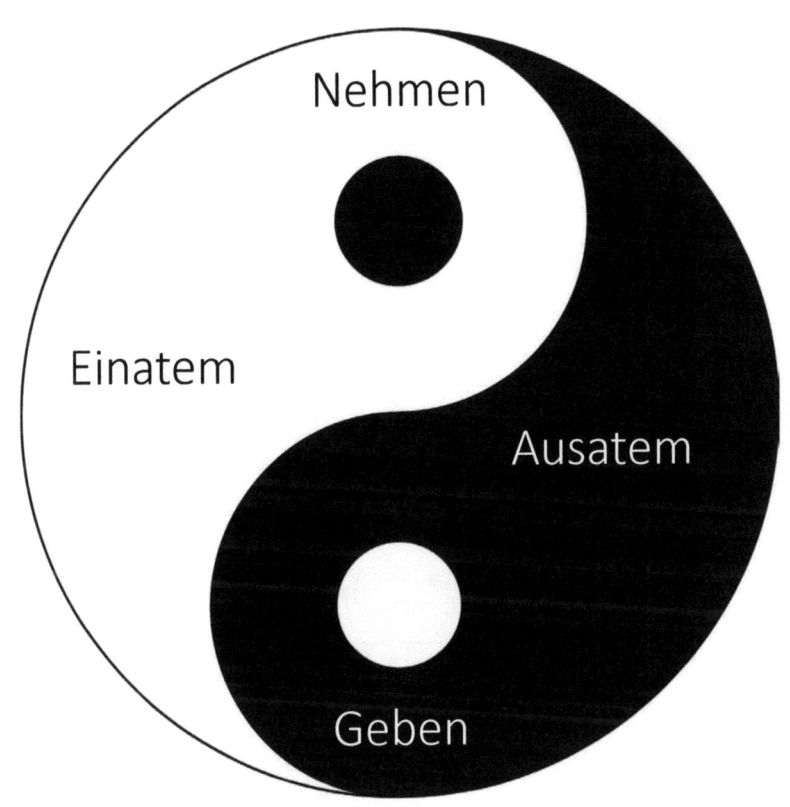

Befinden vor der Übung

Uhrzeit ....   Dauer...........

Wirkungen

körperlich

1	2	3	4	5	5,5	6	7	8	9	10

....

emotional

1	2	3	4	5	5,5	6	7	8	9	10

....

mental

1	2	3	4	5	5,5	6	7	8	9	10

....

Durchschnittswert: ....

Übung 1   [ ]   *Deine Notizen*

Übung 2   [ ]

Übung 3   [ ]

Übung 4   [ ]

Übung 5   [ ]

Morgens

Uhrzeit ....   Dauer...........   Übung Nr.........

Wirkungen

körperlich

1	2	3	4	5	5,5	6	7	8	9	10

....

emotional

1	2	3	4	5	5,5	6	7	8	9	10

....

mental

1	2	3	4	5	5,5	6	7	8	9	10

....

Durchschnittswert: ....

Mittags

Uhrzeit ....   Dauer...........   Übung Nr.......

Wirkungen

körperlich

1	2	3	4	5	5,5	6	7	8	9	10

....

emotional

1	2	3	4	5	5,5	6	7	8	9	10

....

mental

1	2	3	4	5	5,5	6	7	8	9	10

....

Durchschnittswert: ....

Abends

Uhrzeit ....   Dauer...........   Übung Nr. ....

Wirkungen

körperlich	1	2	3	4	5	5,5	6	7	8	9	10	....

emotional	1	2	3	4	5	5,5	6	7	8	9	10	....

mental	1	2	3	4	5	5,5	6	7	8	9	10	....

Durchschnittswert: ....

Weitere Option: Falls du noch differenzieren willst, wie die Übungen auf dich wirken

Tagesdurchschnitt

körperlich

emotional

mental

Alle Durchschnittswerte addieren und durch Anzahl der Übungen teilen
z.B 2 x geübt Werte „5" und „8" = „13" geteilt duch 2 = „7,5"

Tagesdurchschnittswert

Deine Notizen / Erkenntnisse

1. Wie war meine letzte Nacht bzw. mein Schlaf

1	2	3	4	5	5,5	6	7	8	9	10

Gibt es einen Traum/Träume? Wenn ja, welchen?

2. Mein Befinden im Verlaufe des Tages

morgens

Durchschnitt

	1	2	3	4	5	5,5	6	7	8	9	10
körperlich	1	2	3	4	5	5,5	6	7	8	9	10
emotional	1	2	3	4	5	5,5	6	7	8	9	10
mental	1	2	3	4	5	5,5	6	7	8	9	10

mittags

Durchschnitt

	1	2	3	4	5	5,5	6	7	8	9	10
körperlich	1	2	3	4	5	5,5	6	7	8	9	10
emotional	1	2	3	4	5	5,5	6	7	8	9	10
mental	1	2	3	4	5	5,5	6	7	8	9	10

abends

Durchschnitt

	1	2	3	4	5	5,5	6	7	8	9	10
körperlich	1	2	3	4	5	5,5	6	7	8	9	10
emotional	1	2	3	4	5	5,5	6	7	8	9	10
mental	1	2	3	4	5	5,5	6	7	8	9	10

Schmerzen? Skala umgekehrt. Wenn ja, welche, wann und wie:

Durchschnitt

	1	2	3	4	5	5,5	6	7	8	9	10
morgens	1	2	3	4	5	5,5	6	7	8	9	10
mittags	1	2	3	4	5	5,5	6	7	8	9	10
abends	1	2	3	4	5	5,5	6	7	8	9	10

10 = schlimmster Schmerz

Falls Medikamente, welche sowie Dosis:

3. Erlebnisse/Begegnungen? Und welche waren wichtig?

Gesamtbefinden
Durchschnitt

4. Was hat mich heute überrascht?

5. Was habe ich heute gut gemacht?

6. Selbstfürsorge. Wie habe ich heute für mich gesorgt? Körperlich, seelisch, mental. Damit es mir gut geht.

7. Was habe ich für mein Herz getan? Was hat mein Herz erreicht?

8. Was kann ich aus den Erfahrungen heute lernen? Was möchte ich in den kommenden Tagen besser machen?

9. Dank sagen. Ich bedanke mich heute für:

10. Was hält mich noch in Gedanken und/oder Gefühlen fest?

11. Was ist die Essenz dieses/meines Tages?

12. Ich lasse jetzt ganz los. Der Tag ist gelebt. Ich lese jetzt langsam:

„Der Tag ist unwiederbringlich vorbei. Der Tag ist gelebt. Ich lasse los: Meine Gedanken, meine Gefühle, meinen Körper. Ich kann heute nichts mehr ändern. Ich akzeptiere, wie es ist. Ich lasse los und übergebe mich dem Schlaf, der Erde, die mich trägt. Die Natur in mir arbeitet für mich weiter. Für meine Regeneration in der Nacht. Ich habe jetzt und heute mein Bestes gegeben.“

Inhaltsverzeichnis

Bildnachweise

S. 2	sunset-2983614.jpg/pixabay.de
S. 30	ohne Namen /123rf.com
S. 138	oasis-3281084.jpg www.pixabay.de
S. 143	balance-3134828_1920 pixabay.de
S. 146	Young attractive woman in Dead body pose, white studio background/123RF
S. 150	Alexey Bakulin surfadventure
S. 152	epicstockmedia/123RF

Weitere Informationen:
www.berndtrusheim.de